Jean-Paul CLÉBERT

La Provence de Pagnol

ÉDISUD
La Calade, Aix-en-Provence

L'iconographie de ce livre n'aurait pu être réunie sans l'active et amicale collaboration de :

Mme Myriame Morel-Deledalle

et de :

MM. Georges Berni, François Bouché, Lucien Grimaud et Jean-Baptiste Luppi.

Qu'ils trouvent ici l'expression de notre vive reconnaissance.

Nos remerciements s'adressent également à tous ceux qui nous ont apporté leur concours, et particulièrement à :

Marie Albe, Alpes de Lumières, A.M.L.F. Distribution, l'Atelier Municipal de reprographie de Marseille, Marcel Baudelaire, Jean-Claude Boucard, le Centre de Rencontre et d'Animation par la Chanson (C.R.A.C.), Marcel Coen, Henri Darries, Pierre Echinard, Alain Fiorentino, M. Guarracino, l'Institut Louis Lumière, Jacques Laupiès, Albert Lugassy, Jacques Mambret, Georges Millet, le musée d'Histoire de Marseille, le musée du Vieux Marseille, le Musée provençal du cinéma, Daniel Panzac, le Syndicat d'Initiative d'Aubagne, et Marcel et Jean-Paul, les patrons du Bar de la Marine.

à Armand Meffre
ce cher Philoxène

PAGNOL ET LA PROVENCE

La rame et la pelle

S'il fallait réduire en une formule lapidaire les rapports de Pagnol et de la Provence, on pourrait évoquer le constant va-et-vient entre la ville et la campagne, le port et la montagne, les quais de Marseille et les collines du Garlaban. Pagnol, né sur le littoral, ou presque, n'a jamais cessé de tourner ses regards vers les vallons déserts d'Aubagne et d'Allauch, et ses personnages, rejoignant ceux de Giono, n'ont eu de cesse de confronter la fébrile activité de la cité phocéenne (lampe où se brûlent les phalènes) et la liberté fertile des plateaux déserts (paradis perdu et terre promise). En cela, il est un vrai Provençal, un de ceux qui, nourris de l'écume de la mer, n'ont pour grand large que l'infini des hauts plateaux de l'intérieur.

C'est une vieille histoire qui commence avec celle du peuple provençal et qu'illustre un conte ancien, aussi symbolique et fondateur que celui qui rapporte la rencontre amoureuse du beau Grec Protis et de la belle Gyptis sur les bords du Lacydon.

Les filles de la côte, dit-on, passaient jadis pour fort légères et les femmes des marins pour plutôt volages. Alors, quand un matelot décidait de prendre épouse, prudemment il s'en allait la chercher parmi les indigènes du haut pays. Portant son aviron sur l'épaule, il marchait jusqu'à ce qu'il rencontrât une jouvencelle qui prît cette rame pour une pelle à four, ou une pelle à vanner le grain, c'est-à-dire que, n'ayant aucune idée de la vie maritime, elle n'eût aucun des vices attribués à ses consœurs du littoral.

A vrai dire, cette frontière entre la Provence maritime et la Provence intérieure est assez subjective. Mistral, qui raconte l'anecdote après Homère, la situe au pied du Ventoux. Les historiens y découvrent en tout cas la ligne de démarcation entre la Provence grecque et la Provence romaine. Et c'est vrai que les personnages de la trilogie de Pagnol, Marius-Fanny-César, ont du sang grec dans les veines malgré leurs noms latins, et que ceux de Giono ont plutôt la sève gallo-romaine. Ainsi se confronte aussi la Provence de Pagnol à celle de Giono, comme celle-ci se confrontait à celle de Bosco, à celle de Mistral. Mais c'est toujours la Provence, une et multiple.

1100. AUBAGNE — *Vue générale, prise de l'Église*

Aubagne, au pied du Garlaban

LES RACINES

De Valréas à Marseille

Les Pagnol sont installés depuis des siècles (1512 vraisemblablement) dans la région vauclusienne de Valréas (près d'Orange, dit Pagnol qui a la distance courte). En font foi les archives de la mairie qu'il est allé consulter. Des Lespagnol d'abord, des Spagnol, des Pagnol enfin... et des Agnol peut-être dans quelques décennies.

L'origine ibérique est probable. Du temps de Mistral, on appelait encore les gens de la région de Malemort-du-Comtat, les Espagnòu. Avec la nuance péjorative des sobriquets, mais aussi sans méchanceté. On disait là-bas *espagnolade* pour galéjade ou vantardise. Histoires de chasse, récits de voyages, châteaux en Espagne justement, *castèu en Espagno* (des châteaux, Pagnol en rêvera toute sa vie). On disait aussi «fier comme un Espagnol».

C'est vrai que les premiers Pagnol exerçaient un métier original et paré de quelque sortilège héréditaire : ils étaient armuriers de père en fils, «et dans les eaux fumantes de l'Ouvèze, ils trempaient des lames d'épées, occupation comme chacun sait noblement espagnole»[1].

Bientôt ils se firent artificiers, c'est-à-dire qu'ils fabriquèrent de la poudre, des cartouches et des fusées. Monteux n'est pas loin de Valréas où des Italiens cette fois, les Ruggieri, se feront une belle réputation dans la confection des feux d'artifices. Et Marcel s'en souviendra quand il apprendra, pour les besoins de ses films, le dur métier d'«artificier rural» chargé de creuser les puits à l'explosif.

Mais c'était une profession dangereuse. Un vieil oncle «jaillit un jour de sa boutique à travers une fenêtre fermée, dans une apothéose d'étincelles, entouré de soleils tournoyants, sur une superbe gerbe de chandelles romaines»[2].

C'était le bouquet ! La famille abandonna les fusées pour leur emballage. Ils se mirent au cartonnage, comme aujourd'hui encore ces bonnes gens de Valréas.

Le grand-père paternel, André Pagnol, de Valréas (Vaucluse), tailleur de pierres et compagnon du Tour de France

Des Pagnol, il en reste à Valréas. Né en 1920, Jean Pagnol (son arrière-grand-père était le frère du grand-père de Marcel) est fils d'imprimeur (la cartonnerie, la reliure...) et écrivain. On lui doit une *Histoire de Valréas* en deux volumes, 1979. Et de beaux livres sur l'olivier, sur la truffe, sur les herbes du soleil (éd. Aubanel, Avignon). Il prépare un Atlas général de la Provence. Il collectionne bien sûr tout ce qui concerne son illustre cousin.

Confectionner des boîtes, c'était un peu s'enfermer. Un des Pagnol, Joseph-André (né en 1831) avait la bougeotte, il avait besoin de l'air du dehors. Il se fit tailleur de pierre, à la tâche, et compagnon. Ayant accompli son Tour de France, il se mit à tasser des tas de cailloux au bord des routes, à Valréas. Il devint maître en l'art de monter des murs en pierre sèche et des bories (Marcel s'en souviendra quand il décidera de construire ses villages inventés comme Aubignane). Joseph-André se marie en 1853, fait six enfants à sa femme Marie-Anne Naud, dont Joseph, né en 1869, le père de Marcel. Celui-là vient au monde dans une petite maison des faubourgs de Vaison-la-Romaine où habitait une tante accoucheuse.

Puis il s'installe à Marseille. Sa qualité de maître appareilleur lui vaut de travailler à l'édification des monuments phocéens, comme le palais de la Bourse. Ses rares vacances, il les passe au pied du pont du Gard, dont il décrit à ses enfants les merveilles architecturales. Il se saigne aux quatre veines pour nourrir sa progéniture et lui donner surtout une bonne éducation. Tous entreront dans l'enseignement.

Joseph fait l'École normale des instituteurs d'Aix (1886), «un des séminaires où l'étude de la théologie était remplacée par des cours d'anticléricalisme»[3]. En 1893, il épouse à Marseille Augustine-Pauline Lausot. Elle est marseillaise, elle a vingt ans, elle est couturière, fille de repasseuse. Le beau-père, lui, vient d'ailleurs, de Lorient où il est mécanicien de machines à vapeur. Mais, lui aussi compagnon, il s'est arrêté à Marseille, après son Tour de France.

Après l'École normale d'Aix, Joseph Pagnol débute dans l'enseignement par un stage de trois mois à l'école de la Cabucelle, quartier excentrique de Marseille sur la route de l'Estaque. Au début de 1889, il est nommé à Aubagne, à l'école Lakanal, seule école communale de garçons, classe des tout-petits. C'était alors «un jeune homme brun, de taille médiocre sans être petit, il avait un nez assez important mais parfaitement droit, et fort heureusement raccourci par sa moustache et ses lunettes dont les verres ovales étaient cerclés d'un mince fil d'acier»[4].

Le père, Joseph Pagnol, instituteur nommé à Aubagne puis à Marseille

*La mère, Augustine Pagnol,
née Lansot, couturière
jusqu'à son mariage*

Aubagne 1

«C'était une bourgade de dix mille habitants, nichée sur les coteaux
de la vallée de l'Huveaune et traversée par la route poudreuse qui allait
de Marseille à Toulon. On y cuisait des tuiles, des briques et des cruches,
on y bourrait des boudins et des andouilles, on y tannait, en sept ans
de fosse, des cuirs inusables, on y fabriquait aussi des santons coloriés
qui sont les petits personnages de la Noël.»[5]

En 1894, Augustine est enceinte. En février 1895, elle conçoit surtout
de graves inquiétudes et craint de ne pas savoir «faire le petit». La tante
Marie, sœur de Joseph et directrice d'école à La Ciotat, vient à son secours
et la fait venir chez elle pour accoucher au bord salubre de la mer.

La Ciotat

Et pendant que (disent les méchantes langues) son mari resté à Aubagne conte fleurette à la femme du boulanger (!), «la future maman

La Ciotat

se promène le long des plages, sous le tendre soleil de janvier, en regardant au loin les voiles des pêcheurs, puis près du feu où sifflote la flamme bleue des souches d'oliviers, elle tricote le trousseau de sa bondissante progéniture»[6] en attendant la visite dominicale de Joseph qui, sur la bicyclette du boulanger, lui apporte des fougasses et des gâteaux.

Mais Pagnol, en sa vie fœtale, n'apprécie pas le bord de mer (il en aura horreur toute sa vie) et proteste tant et si bien, à sa façon, qu'Augustine décide brusquement de retourner à Aubagne pour accoucher chez elle.

Marcel Pagnol racontera volontiers qu'il est né le même jour que le cinématographe. C'est presque vrai. Et il aurait pu ajouter : au même endroit. C'est en effet à La Ciotat que les frères Lumière, industriels lyonnais au nom prédestiné, possédaient une propriété au milieu des pins, la Batterie, un belle bâtisse surplombant la mer au quartier du Gros-Nez. Ils y avaient installé des studios et c'est sur leur terrasse qu'ils tournèrent *L'arroseur arrosé*. Aussi s'en faut-il de peu que le petit Marcel paraisse en même temps que *L'arrivée du train en gare de La Ciotat*. De toute façon, rien n'empêche de penser que la muse du septième art s'est penchée sur son berceau.

La Ciotat, la Gare

L'arrivée du train en gare de
La Ciotat

En réalité, la première de ces deux films eut lieu à Paris le 28 décembre 1894. Ce n'est que le 13 mars 1896 qu'ils sont projetés à Marseille, sur la Canebière, dans le salon de l'Hôtel du Louvre et de la Paix.

Doit-on rappeler aussi que c'est à La Ciotat que fut inventée en 1910 (pour les 15 ans de Pagnol) la *pétanque,* nouvelle forme de jeu de boules ? Jusque là, n'était connu que le jeu provençal, où l'on s'élance de trois pas : un certain Jules Le Noir, à qui ses jambes refusaient tout service, choisit de pointer et de tirer les pieds joints (pèd tanca). Cette formule, moins fatigante, eut aussitôt le succès qu'on connaît.

Fin février 1895, la tante Marie réquisitionne donc un boghey attelé d'un petit cheval et enveloppe sa nièce dans une couverture. De La Ciotat à Aubagne, la route emprunte encore un parcours sinueux et scabreux. Toute secouée, Augustine manque d'accoucher à La Bédoule qui marque le col, c'est-à-dire le passage du pays littoral à la Provence intérieure. Mais elle se retient et tient jusqu'à Aubagne, où elle accouche dans son lit, au n° 16 du cours Barthélemy. Le 28 février 1895, à 5 heures de l'après-midi, un jeudi comme par hasard, jour de congé du papa et de ses élèves, le petit Marcel pousse son premier cri.

Aubagne 2

Le cours Barthélemy doit son nom à une illustre famille de la ville qui donna à la Provence plusieurs savants et érudits dont le plus célèbre est Jean-Jacques (1716-1795), l'inoubliable auteur du *Voyage du jeune Anacharsis,* récit inventé de la découverte de la Grèce par un personnage né de l'imagination de cet abbé de cour qui ne visitera jamais que Versailles et l'Italie. Son livre, qui figura dans toutes les bibliothèques d'honnête homme et fit rêver des générations de poètes, décrivait une Grèce plutôt provençale, celle que l'on croyait apercevoir des hauteurs de la Garde et qui entraînait les numismates à en chercher les vestiges dans les débris antiques des collines.

Il y a comme une relation secrète entre le jeune Marcel et ce Jean-Jacques, parce que leur univers amniotique fut ballotté au même endroit

La maison natale, à Aubagne, sur le cours Barthélemy

7   AUBAGNE. — *Fontaine Barthélemy.* — LL.

Aubagne, le cours Barthélemy vers 1895, la fontaine, le buste de l'abbé Barthélemy, poète au long cours

et de la même façon. Dans le mois de janvier 1716, madame Barthélemy, qui était mariée à un autre Joseph, était sur le point d'accoucher quand elle voulut le faire auprès de sa mère qui demeurait à Cassis. On lui fit donc emprunter ce fameux chemin rocailleux d'Aubagne à la côte qui passait encore à La Bédoule où elle faillit, sous les mêmes couvertures, lâcher son faix. Heureusement, elle put atteindre Cassis à temps.

Cet itinéraire inversé explique peut-être que le futur abbé tourne ses regards vers la mer tandis que notre futur académicien s'en détourne pour toujours pour mieux appréhender la montagne.

Aubagne, en tout cas, à la grande fureur de Cassis, revendiqua toute la gloire d'être le berceau de l'abbé Barthélemy. Dès 1828, la municipalité l'honora d'un buste dû à Houdon, abrité d'une niche au-dessus d'une fontaine qui avait la particularité de distribuer du vin le jour de la Saint-Matthieu. On prétend que l'inscription du socle comportait une faute d'orthographe fort malencontreuse : le mot *littérature* avec un seul «t».

13

On imagine la honte des érudits locaux quand on sait qu'Aubagne est également la patrie d'Urbain Domergue, né à un jet de pierre de la maison Pagnol, le 23 mars 1745, et grammairien célèbre, puriste de la langue, champion de l'imparfait du subjonctif. Fondateur d'une société des Amateurs et des Régénérateurs de la langue française, il militait pour la féminisation des termes de métiers et revendiquait en particulier celui d'*amatrice,* ce qui fit dire au poète Lebrun, son voisin de l'Académie française,

Aubagne, l'école de garçons

« ... faites voir sur votre bureau
Ce pubis hurlant de nos rimes
Et l'embrasement du taureau
Et l'amatrice dont nous rîmes...»[7]

Aujourd'hui encore, Aubagne célèbre le souvenir du grammairien par une foire qui porte son nom (le 23 mars), sans doute moins une foire aux mots qu'un marché des produits locaux (la cèbe ou oignon, le nougat, les santons).

En 1893, la fontaine et le buste de l'abbé Barthélemy furent transportés sur le Cours, presque en face de la maison natale de Pagnol. Plus tard, jugée trop pesante pour la chaussée voûtée (sous Aubagne coule l'Huveaune), la fontaine sera déplacée vers le cimetière et le buste érigé à proximité du syndicat d'initiative.

> Autres curiosités monumentales qu'on ne peut passer sous silence parce que ces hommes lui ont eux aussi involontairement servi de parrains : le tombeau de Pierre Blancard (1741-1826), qui rapporta d'Extrême-Orient le premier chrysanthème adapté en France, et le buste de Jean-Claude Chaulan, maire et bienfaiteur des rosières.

De cette parenté intellectuelle, le petit Marcel n'a évidemment pas le temps de prendre conscience. A l'âge de deux ans et demi, son père l'emporte à Saint-Loup où il vient d'être nommé.

LES SANTONS. — Aubagne, petite patrie de Pagnol, c'est comme par hasard celle des santons. Ces statuettes d'argile, délicates et fragiles, sont moins des figurines de «petits saints»

14

(santoun) que les portraits stéréotypés de tout ce petit peuple qui, à Noël, joue la pastorale, c'est-à-dire la marche vers l'étoile et l'étable. De même que la pastorale, outre son symbolisme religieux, offre l'occasion de dénombrer les métiers, les corporations, les travaux traditionnels, les santons qui grimpent dans les rochers en carton des crèches villageoises sont les représentants de tous les types de la population. Non seulement chacun se distingue par son costume, auquel on reconnaît sa fonction, mais il se différencie des autres par son caractère que traduisent les traits de son visage. On identifie le berger, le rémouleur, le meunier, le tambourinaire, le maire et le curé, la vieille fileuse, la lavandière et la poissonnière. Mais ce ne sont pas n'importe quel berger ou rémouleur. Ils ont une identité, un nom, un caractère en lesquels se projette l'inconscient collectif de la communauté.

Le meunier, c'est Barnabèu, personnage solitaire et ombrageux. Le valet de ferme, c'est Bartoumièu, grand, fort et bête ou plutôt mal réveillé. Comme cet autre valet, le Ravi, qui lève les bras au ciel pour marquer son éternel étonnement. C'est aussi Gigé, dérangé dans son sommeil et qui apparaît à la fenêtre du mas quand les autres sont déjà au travail. Et puis Pistachié qui en a toujours un coup dans l'aile et ne songe qu'à trousser le cotillon. Marto la grand-mère qui file sa quenouille. Misè Bourado la bourgeoise et Roustido le bastidan. Quant au chasseur, on lui donne le visage et le chapeau de Mistral : le poète détestait la chasse, mais c'est que le Cassaire de la crèche est un chasseur qui tourne la tête au moment de tirer et ne tue jamais Jeannot lapin.

Tout ce petit monde a ses problèmes et ses soucis, ses qualités et ses défauts. Ce ne sont pas seulement des poupées dans la vitrine, ce sont les acteurs immobiles de comédies et de tragédies qui n'attendent que votre dos tourné pour reprendre leurs discussions et leurs histoires.

Et parmi eux, désormais, figurent en bonne place les personnages mis en scène par Pagnol.

Aubagne, pays des santons, sur lesquels règne Marius Chave, l'un des maîtres santonniers les plus célèbres

15

1224 - St-Loup - Le Village

Saint-Loup

Les Pagnol y demeurent jusqu'aux vacances scolaires de 1902. Marcel y fait donc ses premiers pas tandis que son père, excursionnant dans les environs, découvre les collines qui séparent Aubagne et Allauch et rêve d'y acheter un cabanon où il passerait ses dimanches en famille, à jouer aux boules (c'est un champion) mais sans boire le pastis (il est anti-alcoolique autant qu'anti-clérical).

A la rentrée de 1902, il est nommé à Marseille, à l'école communale de la rue des Chartreux (le chemin des Paresseux dans la toponymie populaire marseillaise).

Marseille 1

La famille trouve à se loger rue Terrusse, n° 51. Un rez-de-chaussée avec jardin et prunier. La rue Terrusse est une longue voie qui mène de la plaine Saint-Michel (aujourd'hui place Jean-Jaurès) à l'église du même nom. Elle est parallèle à la rue de l'Abbé-de-l'Épée que les riverains appellent tout bonnement la *carrièro dòu Capelan dòu Sabre* !

Comme le cours Barthélemy d'Aubagne reposait sur le cours souterrain de l'Huveaune, le sous-sol de la plaine Saint-Michel de Marseille recouvrait, depuis 1883, un tunnel long de 700 mètres, reliant le centre de la ville au cimetière Saint-Pierre, et livrant passage à un train à vapeur. La gare de départ se trouvait au marché des Capucins (désormais musée

Saint-Loup, entre Aubagne et Marseille, à l'époque de l'apparition du tramway

Marseille, la Gare de l'Est. Si le Vieux-Port est la Porte de l'Orient, la Gare de l'Est est la Porte de la Provence

16

101. Ligne de St Marcel - Voiture Electrique. 6 Mai 1899.

des tramways marseillais). On la désignait sous le nom pompeux de la Gare de l'Est parce qu'elle desservait la ligne d'Aubagne. Ainsi le jeune Pagnol pouvait-il sentir sous ses pieds (avec un peu d'imagination) trépider ces trains qui repartaient vers le pays natal.

Mais le théâtre de ses distractions est ailleurs, au parc Borély à l'autre bout de la ville, au bord de la mer et presque au bout du monde. Le jeudi et le dimanche, sa tante Rose l'y emmène dans le tramway qui parcourt le Prado. Le jardin est alors un lieu enchanté, avec des allées ombragées de platanes, des bosquets sauvages, des pelouses qui invitent à se rouler dans l'herbe, des gardiens pour vous le défendre, et des mares où naviguent des flotilles de canards apprivoisés.

Marseille, le Parc Borély ou la campagne dans la ville

C'est aussi l'endroit idéal pour les rendez-vous sentimentaux. Pagnol y reviendra au *Temps des amours*. Pour l'instant, c'est tante Rose qui se laisse conter fleurette par un monsieur qui se fait passer pour le propriétaire du parc et qu'on appelle déjà l'oncle Jules. Ils se marient bientôt et habitent rue des Minimes où Marcel est invité à déjeuner le jeudi. C'est à côté de la rue Terrusse. Il peut y aller à pied.

Ainsi ne voit-il, en sa première jeunesse, que le centre de Marseille. Il ne sait rien, ou presque, du Vieux-Port, dont les quais, lui dit-on, sont mal famés. Il ignore sans doute qu'en 1905 (il a 10 ans) on construit le pont transbordeur qui raccourcit singulièrement le passage de la rive droite à la rive gauche comme le canal de Suez rapproche Marseille de la Chine. Il ne sait rien non plus du «ferri-boîte» qui depuis 1880 permet aux Marseillais d'affronter la mer sans trop de dangers. Il ne connaît pas non plus la corniche qui se perd dans les rochers des calanques et où se multiplient les cabanons. Comme son père, c'est un Marseillais de l'intérieur.

Marseille, la plaine Saint-Michel, le premier territoire qu'explore le jeune Marcel

Marseille, le Pont transbordeur, lancé en 1905

122. MARSEILLE — *Place Saint-Michel* - EL.

Marcel Pagnol enfant

LA DÉCOUVERTE DES COLLINES

Un peu avant les grandes vacances de 1905, le petit Marcel écoute une conversation dont il ne sait pas qu'elle va décider de tout son avenir. Joseph annonce que Mme Pagnol ayant besoin d'un peu de campagne, il a loué, de moitié avec l'oncle Jules, une villa dans la colline au-dessus d'Aubagne. C'est au milieu des pins, loin des villes. Très loin ? Oh oui, dit sa mère, il faut prendre le tramway et marcher ensuite pendant des heures. Au-delà, le désert. Est-ce qu'il y a des chameaux ? Non, il n'y a pas de chameaux. Des rhinocéros ? Joseph n'en a pas vu.

Alors, pour tromper son impatience, Marcel se répète les mots magiques, villa, colline, pinède, cigale... qu'il mâche comme des bonbons. Des cigales, «il y en avait bien quelques-unes au bout des platanes scolaires, mais je n'en avait jamais vu de près, tandis que mon père m'en avait promis des milliers...»[8].

Fin juillet, c'est le grand départ. Les meubles sont arrimés sur une charrette bleue qu'un paysan conduit à bon port tandis que la famille prend le tramway boulevard Mérentié.

C'est le retour vers Aubagne, par Saint-Loup, la Valbarelle, la Pomme... Mais on s'arrête à la Barasse. On suit la rive gauche de l'Huveaune. Quarante-cinq minutes de trajet, 0,10 F la place.

Quand il vivait à Saint-Loup, Marcel avait assisté à l'inauguration du tram tout neuf. «J'ai vu arriver ces voitures électriques, ornées de grandes bandes tricolores, et toute la population était alignée le long des rails. Des paysans allongés sur le sol essayaient de voir les sabots des chevaux qu'ils croyaient cachés à l'intérieur des voitures.»[9]

La Barasse n'est alors qu'un relais sur la route d'Aubagne. On chercherait vainement aujourd'hui le départ de ce «chemin de Provence» qui montait vers la Valentine. «Mon père, qui avait déplié un plan, nous guida jusqu'à l'embouchure d'une petite route poudreuse qui fuyait la ville entre deux bistros... Il était bien joli, ce petit chemin de Provence, il se promenait entre deux murailles de pierres cuites par le soleil, au bord desquelles se penchaient vers nous de larges feuilles de figuiers, des buissons de clématite et d'oliviers centenaires.»[10]

Le Garlaban

Vallon de la Barasse, près Marseille.

La Barasse, où l'on quittait les rails du tramway pour le chemin de Provence

Au bout d'une heure de marche, le chemin en coupe un autre à travers «une sorte de place ronde, parfaitement vide». A vol d'oiseau, la *villa* est à 4 km mais les propriétés privées empêchent cet envol. Il faut faire un long détour par la gauche (9 km) et contourner les parcs des quatre châteaux bâtis le long du canal.

Encore une heure de marche à travers les mêmes murs de pierre sèche, passages étroits pour seuls piétons en file indienne. Puis la route se fait plus large. Les rails de la future ligne de tramways sont couchés dans l'herbe, déjà rouillés.

Au carrefour des Quatre-Saisons, un café caché sous deux grands platanes et orné d'une haute fontaine de rocaille moussue accueille les voyageurs. Mais Joseph n'est pas de ceux qui entrent dans un estaminet. Ce sont des lieux de perdition. On fait la pause dehors, à l'ombre des arbres. Là les rejoint la charrette des meubles. Puis on reprend la marche. Vingt minutes encore, face à un paysage bouché par de haute futaies.

Enfin apparaît La Treille, «un petit village planté en haut d'une colline entre deux vallons», au pied d'une montagne abrupte.

La Valentine, carrefour des Quatre-Saisons où se croisent les routes de l'enfance et de l'avenir

Les Quatre-Saisons, quand le tramway y parvient enfin

Eoures, un des premiers villages hors de Marseille

La Valentine, route des Camoins

La Treille

Un hameau plutôt qu'un village. Peu de maisons, aux fenêtres étroites-comme des archères. Une seule rue, une seule place, une seule fontaine. Celle-ci, c'est le monument de La Treille. Au milieu de la placette, elle parle toute seule. Une conque de pierre accrochée comme une bobèche à une stèle carrée d'où sort un tuyau de cuivre. La source de vie.

A la sortie du village s'ouvre le chemin des Bellons. Maintenant, le paysage est dégagé. Les vacanciers peuvent contempler le vaste panorama des noires pinèdes séparées par des vallons, et au-dessus, les sommets rocheux dont Joseph sait déjà les noms : le gros piton blanc étincelant au bout d'un énorme cône rougeâtre, Tête-rouge. A droite, un pic bleuté fait de trois terrasses concentriques, le Taoumé. Beaucoup plus loin, au fond, une pente infinie qui escalade le ciel et mène à un autre gros piton, penché en arrière, le Garlaban. De l'autre côté, en bas, se trouve Aubagne, affirme Joseph. Enfin, tout au bout du vallon qu'ils empruntent, une colline allongée portant trois pinèdes horizontales séparées par des à-pics de roches blanches, les barres du Saint-Esprit.

La Treille, vue cavalière

La Treille, le village des vacances

La Treille, l'église

«On ne voyait pas de hameau, pas une ferme, pas même un cabanon. Le chemin n'était plus que deux ornières poudreuses...»[12] A se demander s'il menait vraiment quelque part.

Eh bien oui, à la Bastide-Neuve, la dernière construction humaine au delà de laquelle on peut marcher pendant trente kilomètres sans trouver d'autres bâtisses que les ruines de quelques jas abandonnés.

Le chemin des Bellons et du bout du monde

La Bastide-Neuve

«La maison s'appelait la Bastide-Neuve mais elle était neuve depuis bien longtemps. C'était une ancienne ferme en ruines, restaurée trente ans plus tôt par un monsieur de la ville...»[13]

Le mot *bastide* lui-même a beaucoup servi dans l'imaginaire et l'exotisme marseillais. Le paysan nommait son cabanon bastide pour lui donner plus de poids et le notable appelait château sa bastide agricole pour la

La Bastide Neuve

La Bastide Neuve en son dernier état

«castelliser», comme dit le hobereau marquis de la *Femme du boulanger*. C'est-à-dire qu'il «gonflait» un peu son avoir.

La bastide marseillaise traditionnelle n'a pas changé. Elle est isolée dans la campagne. Elle est privée de tout confort. On y apporte les vieux meubles et la vaisselle ébréchée, les chaises boiteuses et les plantes vertes qui dépérissent au vent salé. Au rez-de-chaussée, la cuisine avec sa cheminée et son potager, et une grande pièce où l'on se réunit aux heures chaudes, ou un salon faiblement éclairé (les volets clos obstinément) avec une table de rotin, des tabourets paillés et un immense divan de style oriental où l'on fait la sieste en tricot de corps. A l'étage une ou deux chambres et le grenier où sèchent pêle-mêle les pommes gâtées et les jouets cassés.

«La *Bastide* offrait alors les charmes de la vie patriarcale. Le luxe en était proscrit comme une chose gênante à la campagne. Les figures des Quatre Saisons, produits de la tapisserie primitive, décoraient le grand salon; quatre cartes géographiques, maculées par l'humidité de l'hiver, ornaient le vestibule. Au dehors régnait une négligence agreste qui avait son mérite. Le cassier[14] étalait ses fleurs jaunes sur le mur; le barquiou[15], rempli d'eau savonneuse, s'allongeait sous les voûtes de noisetiers, de lilas et de lauriers romains; un grand figuier ombrageait un puits mousseux, où abondait l'eau de source. Quatre poules animaient ce paysage et donnaient des œufs frais à l'heureux *bastidan*.

«On allait à pied à la Bastide. Le père prenait ce jour-là une canne de jonc. La mère portait dans un panier la charcuterie. Les enfants s'habituaient de bonne heure à la poussière, en courant sur les chemins, et trahissaient déjà leurs instincts de chasseurs en attrapant des larmeuses[16] sous les feuilles des câpriers.

«Quelques riches faisaient la route sur la charrette que le paysan avait recouvert d'un tendoulet[4]...»

La Bastide-Neuve décrite par Pagnol, dans *La gloire de mon père*? Non, un texte de Joseph Méry publié dans *l'Univers illustré* du 12 mai 1866. Sans doute Marcel a-t-il lu, en se délectant, ce fameux récit oublié de Méry, *La chasse au Chastre,* c'est-à-dire à l'introuvable merle à collier blanc, plus rare encore que la bartavelle dans les montagnes marseillaises.

L'eau 1

A cette bastide familiale, on donne volontiers le nouveau nom de *villa*, qui fait plus moderne. Celle des Pagnol bénéficie en effet de l'eau courante, celle que recueille une citerne accolée à la maison et qui s'emplit les jours de pluie. C'est ce qu'on appelle l'eau à la pile (l'évier). «Il suffisait d'ouvrir un robinet de cuivre, placé au-dessus de l'évier, pour voir couler une eau limpide et fraîche. C'était un luxe extraordinaire et je ne compris que plus tard le miracle de ce robinet.»[18]

En effet, passé la Bastide-Neuve, c'est le pays de la soif. Les rares puits sont à sec à partir du mois de mai. Quant aux sources, elles sont plutôt «intermittentes». Réduites à «une fente de roc qui pleure dans une barbe de mousse». Lili, le nouveau copain de Marcel, en connaît sept qui sont comme les sept merveilles de ce monde désertique. Il en indique trois, le puits du Mûrier, la source du vallon de Passe-Temps, la source des Escaouprès. Les autres sont tenues secrètes. «Les sources, ça ne se dit pas, c'est un secret.» Même dans les familles, on refuse de révéler leur localisation. Lili exagère? il galèje? Non :

Son grand-père en connaissait une sans jamais en révéler l'emplacement. Quand les siens allaient labourer le blé noir, à midi pour la pause, il partait avec une bouteille vide en interdisant qu'on regarde où il allait. Au bout d'un moment, il revenait avec sa bouteille pleine d'eau glacée. Et personne n'a jamais osé le suivre? O bonne mère! il aurait tué tout le monde. Sur son lit d'agonie tout de même, il a voulu confier le secret à son fils aîné. «François, la source... la source...» et il a hoqueté comme robinet qui se tarit, et il est mort. On a eu beau chercher, on ne l'a jamais trouvée.

Et puis, ajoute Lili, «s'il savaient les sources, ils pourraient y boire! — Qui donc? — Ceux d'Allauch ou bien de Peypin. Et alors ils viendraient chasser ici tous les jours! Et il y aurait tous ces imbéciles qui font les excursions», ceux qui salissent, qui mettent le feu pour une grillade, qui pissent dans les bassins...

> «La légendaire maison des vacances se dresse toujours telle que Pagnol l'a décrite, au bout du chemin des Bellons... La façade a été rénovée et l'intérieur ingénieusement aménagé. Mais le précieux robinet de cuivre qui, astucieusement branché sur la citerne, permettait d'avoir l'eau à la pile, a été précieusement conservé. De même que les moustiquaires aux fenêtres du haut et le figuier sur la terrasse. Malheureusement, il n'en va pas de même pour les inoubliables cabinets au bout de l'allée d'iris dont la porte avait conservé les marques des plombs qui l'arrosèrent la veille de l'ouverture de la chasse, au grand effroi de la bonne enfermée à l'intérieur. En juin 1981, sous l'effet d'un violent orage, il s'est écroulé» (Georges Berni, *Merveilleux Pagnol*).

Autre secret des collines, les grottes. Elles sont un peu la propriété de ceux qui les découvrent et les fréquentent. Comme celle du Grosibou dans laquelle, un soir de terrible orage, Marcel se réfugie avec Lili et où ils sont «attaqués» par un grand-duc, le gros-hibou. Elle traverse de part en part le Taoumé et fait communiquer les vallons de Passe-Temps et des Escaouprès par un long et étroit couloir connu des seuls braconniers. Les gendarmes, paraît-il, l'ignorent...[20]

La baume Sourne, c'est-à-dire la grotte obscure

La chasse et le braconnage

La chasse et le braconnage sont en effet les deux mamelles dont se nourrissent les rares habitants du Garlaban. Avec l'ouverture, Marcel découvre le monde des collines, le labyrinthe des vallons, grâce à Lili qui connaît les sources cachées, les ravins où l'on trouve les champignons, les salades sauvages, les pins à pignon, les prunelles et les arbouses, les grappes de vignes abandonnées et disputées aux oiseaux. On lui présente le vieux jujubier de la Poudrane, le sorbier du Gour de Roubaud, les quatre figuiers des Pescatons, les arbousiers de la Garette... qui sont comme les ancêtres totémiques de ce jardin édénique.

Cent pages au moins, à cheval sur *La gloire de mon père* et *Le château de ma mère,* épuisent à peine cet inventaire et cet apprentissage de la nature.

Il fait la connaissance de la Chantepierre, au sommet de Tête-Rouge, une chandelle de roche, percée de trous, qui chante toute seule quand le vent la caresse.

Il apprend à reconnaître les oiseaux de ce paradis que Lili lui présente sous leur nom provençal : la *bédouride* ou mauviette ou alouette des champs, le *darnagas* ou pie-grièche, l'*agasse* qui est la pie, le *passe-solitaire* ou merle de roche, le *becfigue...*

Et la bartavelle surtout, la perdrix de roche (*caccabis saxatilis*) dont l'existence est aussi improbable que celle de l'Homme des neiges dans l'Himalaya. Le comte de Villeneuve, au début du XVIIIe siècle, la disait «assez commune» dans ce pays. Depuis, elle a disparu. Jusqu'au jour où le père

de Marcel réussit le coup du Roi en en tuant deux d'un seul coup[21].

La chasse, dans les collines, exprime l'essentiel de l'activité ludique du Provençal. C'est une affaire d'hommes. Les femmes n'y sont pas admises. Même pour cuire le gibier (rôtir les petits oiseaux à la broche), il faut la main du maître. On ne laisse aux femmes que la corvée de plumer et de vider. A la chasse, l'homme retrouve ses origines : la confrontation pure avec la nature vierge, le combat contre la bête, la quête nomade de la nourriture qu'il rapporte triomphalement à l'épouse sédentaire cantonnée dans sa cuisine. L'histoire est vieille comme l'humanité.

Et ce n'est pas par hasard si Pagnol, plus tard, envisage de tourner dans ces montagnes désertes *Le premier amour*, l'aventure d'un homme et d'une femme qui, contrevenant aux traditions de la tribu, découvrent l'amour individuel, le bonheur du couple, les agréments de la monogamie et sans doute l'acte sexuel face à face.

Mais la chasse a un autre avantage : sa clandestinité quand elle s'appelle braconnage.

C'est la principale industrie des gens des collines. Mais ils n'emploient pas ce vilain terme juridique. De même que les gitans ne volent pas les poules, ils les trouvent (ils appellent cela *chouraver,* ce qui veut dire prendre comme une pie), ils « braquent » le gibier qui se trouve sur *leur* territoire. « Les collines, c'est le bien des gens d'ici. Ça fait donc qu'on n'est pas braconniers. » Et il ajoute sans malice que tous les braconniers de La Treille sont des chasseurs, alors que tous les chasseurs d'Allauch sont des braconniers.

La grotte du Grosibou, entrée

La grotte du Grosibou, sortie

La grotte du Plantier qui sera celle de Manon des Sources

La bartavelle, perdrix royale

Marcel découvre avec Lili la technique éprouvée du piégeage, l'utilisation de ces pièges à ressort faits de deux arceaux de laiton, appâtés avec une *alude* ou fourmi volante. On les achète au bazar d'Aubagne où ils sont vendus hyprocritement sous le nom de pièges à rat.

Mais le piégeage a son code de l'honneur. «Quand on trouve un gibier, on a le droit de le prendre, mais il faut retendre le piège et le remettre à sa place» et bien sûr l'appâter de nouveau.

Un jour, Marcel décide de partir vivre sa vie dans les collines. C'est ce que Mistral appelait un *plantier* (il existe une grotte du Plantier dans le massif d'Allauch). Il laisse une lettre à ses parents. «J'ai trouvé ma vocation, c'est hermitte. Moi, mon bonheur, c'est l'aventure... Ne me cherchez pas, je suis introuvable!». Il signe : Marcel, l'hermitte des collines.[23]

Chasseurs sachant chasser sans leur chien

Avant l'aube, il retrouve Lili. Ils montent vers le Taoumé à travers les pinèdes, ils passent au large de la grotte du Grosibou qui les effraient encore, ils vont à la fontaine Bréguette, sous une petite barre. Une de ces sources que Lili tenait secrètes. Celle-là ne donne qu'une douzaine de litres d'eau par jour. C'est assez pour boire. Ce n'est pas suffisant pour se laver. Marcel a retenu forcément la leçon de sa mère : il faut se laver tout le corps, sinon on attrape des microbes. Lili ne sait pas ce que c'est. Mais Marcel prend prétexte de cette invasion qui les menace pour renoncer dignement à sa robinsonnade. Il rentre avant le lever des parents.

A la fin des vacances scolaires, il faut abandonner le monde merveilleux des collines. Il faut retourner à Marseille, c'est-à-dire à l'école. Le retour se fait par l'omnibus hippomobile. Marcel a trouvé place sur la

Lili des Bellons, l'initiateur

dernière banquette qui tourne le dos aux chevaux. «On m'emportait de ma patrie (...) je m'enfonçais dans l'avenir à reculons...»[24]   *Les Barres du Saint-Esprit*

Deux singes en hiver

Le pays de l'enfance, c'est le pays des vacances. Ce dont on se souvient le mieux, et avec le plus de bonheur (cela ne veut pas dire que d'autres impressions moins agréables ne marquent pas l'inconscient), c'est le temps et l'espace qu'ont occupés les mois de congés. Pour Pagnol aussi, les années scolaires ne sont que des parenthèses insérées dans le cours de la vraie vie, celle des collines au temps des secrets.

Sans doute utilisera-t-il, dans *Merlusse* par exemple, les souvenirs qu'il a gardés de l'école. Mais son œuvre à venir qui, sans qu'il le sache, prend déjà forme dans sa tête et dans son cœur, elle est tout entière contenue dans ce paysage qu'il arpente enfant quand les classes enfin sont finies.

Ainsi, l'automne à Marseille qui suit l'été de la Treille n'est-il qu'un enfermement inutile. C'est à Noël qu'il revit quand la famille retourne à la Bastide-Neuve. Marcel y découvre son paradis en hiver. «Il faut mettre en ordre la maison, clouer des bourrelets aux fenêtres, qui soufflent des musiques glacées, et ramener de la pinède voisine une grande récolte de bois mort.»[25] Dehors la montagne est saisie par le froid, la *baouco* gelée, le ciel figé, la roche plus dure. Cette basse température éloigne encore plus le pays des collines des rues de la ville. Le Garlaban est maintenant au bout du monde, quelque part en Sibérie, en Alaska. Marcel et Lili, qui ne renoncent pas à piéger des grives et à courir les vallons, ont des impressions de trappeurs et de chercheurs d'or canadiens.

Pourtant, ils sont bien en Provence. Les fêtes de Noël les y ramènent en tout cas avec le gros souper calendal, devant le feu de cheminée, la broche de petits oiseaux et les treize desserts rituels. Joseph tient à respecter la coutume. Même s'il ajoute à la cérémonie l'arbre aux cadeaux, ce petit pin devenu sapin, et qui vient du nord avec une tradition étrangère récemment imposée aux Méridionaux.

Mais Joseph, tout de même, ne va pas jusqu'à emmener sa famille à la messe de minuit de la Treille à laquelle veut les entraîner l'oncle Jules. Son anticléricalisme viscéral le lui interdit et Marcel, à son tour, sait bien que Dieu n'existe pas, du moins pour lui parce que peut-être il existe pour d'autres «comme le roi d'Angleterre qui n'existe que pour les Anglais».

En tout cas, ses inquiétudes religieuses ne durent pas et la chasse dans les collines le sollicite plus passionnément.

> LES COLLINES EN HIVER. — «Dans le ciel de velours violet, les étoiles brillaient, innombrables. Ce n'était plus les douces étoiles de l'été. Elles scintillaient durement, claires et froides, cristallisées par le gel de la nuit... Sur la Tête-Rouge, que l'on devinait dans l'ombre, une grosse planète était pendue comme une lanterne si proche que l'on croyait voir l'espace derrière elle. Pas un bruit, pas un murmure, et dans le silence glacé, nos pas sonnaient sur les dures pierres de Noël.»[26]

Les châteaux

Le canal d'une minceur ridicule qu'on remonte comme un grand fleuve inconnu

Le parc de la Buzine et son allée de platanes

A partir du Mardi-Gras, les Pagnol montent tous les samedis à la Bastide-Neuve. Ainsi les parenthèses scolaires se réduisent-elles encore et Marcel ne vit que pour ces deux jours de liberté.

Alors intervient dans son existence le fabuleux épisode de l'autre raccourci, celui de l'espace : grâce à la complicité de Bouzigue, le piqueur de canal, la famille peut couper au travers des propriétés privées et gagner

*Le château de la Buzine ou
de la Mère au Bois dormant*

ainsi des kilomètres. L'histoire est si connue qu'on ne va pas la raconter de nouveau ici. Mais il faut relire *Le château de ma mère*. On y suivra l'itinéraire quasi initiatique qui permet d'accéder plus vite au paradis, le long de ce canal qui est d'eau vive, mais fragile parce que ses parois se fissurent : il est mince comme un ruisseau mais sa perte peut-être priverait d'eau toute la ville de Marseille! L'idée est obsédante et ne le quittera plus. Et puis il y a le franchissement de toutes ces portes successives qui s'ouvrent et se referment clandestinement, comme des pièges dont cette fois Marcel risque d'être le becfigue. Enfin, ces parcs endormis qui appartiennent à des seigneurs invisibles mais redoutables, ces châteaux de Belle au bois dormant que surveillent dans l'ombre des gardes-dragons. A ce sentiment de peur délicieuse s'ajoute l'impression douceâtre de la culpabilité. Les Pagnol empruntent le bien des autres, défient la loi de la propriété, font usage de faux. Et Marcel peut s'étonner à juste titre que ce soit son père, homme intègre plus que tout autre, qui se prête à ce jeu interdit. Pagnol ne le dit pas dans ses souvenirs écrits, mais on sent bien qu'il sent bien lui-même que le monde moral des adultes, des parents, a quelque chose de fêlé, comme les parois du canal, et que par cette infime fissure peut s'échapper le trésor du respect.

Il devine que dans cet univers rustique et rural, il y a antinomie entre la loi et l'usage. La libre circulation à laquelle sont habitués les habitants des collines, à travers les terres des autres, est désormais remise en question par des barrières, des grilles, des murs, des chiens méchants. Et ce n'est pas celui qui marche dans le champ du voisin sans y porter préjudice qui rompt le pacte, c'est le propriétaire (venu d'ailleurs) qui, ordonnant les limites et s'enfermant dans son bien, insulte à l'honnêteté de la communauté.

Dès lors la chronique villageoise est pleine de ces histoires de propriété. La source n'est plus le seul secret jalousement gardé. Il y a maintenant les arbres de l'un qui font de l'ombre à l'autre[27], les immémoriaux droits de passage refusés, les fâcheries entre voisins, les haines entre gens d'ici et gens de là-bas. Une Provence têtue, que tempèrent heureusement la vivacité d'esprit, la faconde du langage, le pittoresque des réparties et le goût des témoins pour la galéjade.

La Buzine, usine de rêves en ruines

Cette traversée du domaine réservé, de cette «chasse gardée», s'accompagne de la découverte des châteaux. Ici, il y en a quatre qui s'accolent et s'épaulent comme pour faire front à l'invasion nomade. Le château à tourelles qui appartient au comte colonel, le château de la Belle au bois dormant éternellement fermé, le château du notaire qui ne s'ouvre qu'en été, et le château de la Buzine, «le plus grand et le plus beau» avec ses deux hautes tours, ses innombrables fenêtres, ses multiples étages, ses mansardes et ses toits d'ardoise. Le plus impressionnant aussi parce qu'il abrite le garde-dragon qui fait si peur à madame Pagnol. Ce sera le «château de ma mère» ou plutôt le château de «la peur de ma mère».

Trente ans plus tard (1941) Pagnol achète, sans le voir, les trente-cinq hectares du domaine de la Buzine où il projette de fonder une cité du cinéma. Quand il s'y rend, il ne reconnaît pas, d'abord, le paysage, l'environnement. «Nous franchîmes une haute grille. Au fond d'une allée de platanes centenaires (…) le château (…) l'immense demeure d'un grand bourgeois du Second Empire : il avait dû être fier des quatre tours octogonales et des trente balcons de pierre sculptée qui ornaient bien le canal de mon enfance, avec ses aubépines, ses clématites, ses églantiers… Je refis lentement le chemin de mes vacances… C'est quand je le vis à travers la haie que je reconnus l'affreux château, celui de la peur, de la peur de ma mère…»

Le domaine de la Buzine est aujourd'hui rebaptisé le Parc des Sept Collines. Le château est à l'abandon. Pagnol ne l'a jamais habité, les Allemands l'ont occupé, puis les maquisards, enfin les réfugiés. En 1973, Pagnol décide de s'en défaire. Il le vend presque à l'encan. De toute façon, la bastide «maternelle» était vouée à l'invasion de nouveaux barbares, les promoteurs immobiliers.

Les collines 2

Mais revenons en arrière. La dernière porte franchie, après ce parcours clandestin, les Pagnol débouchent au carrefour des Quatre-Saisons et le temps justement reprend son cours. Des années durant, désormais, les escapades entraînent le jeune Marcel sur les chemins de l'adolescence. Il voit autrement le pays des collines qu'il croyait connaître. La découverte vient moins de vallons nouveaux ou de grottes ignorées que de son regard sur la nature et sur les hommes.

Sans délaisser la chasse ni le braconnage, il appréhende les travaux agricoles : battre les pois chiches au fléau «enfermés dans les cosses sèches comme une bille dans un grelot», fouler le blé noir sous l'antique rouleau de pierre, fabriquer des caisses pour faire sécher les figues, tirer l'eau du puits pour arroser les pommes d'amour (que les citadins s'entêtent à appeler des tomates).

Il découvre aussi pourquoi cette terre est désertée.

«Rapon, c'était un vallon des collines : il montait entre deux pentes boisées qui finissaient par se rejoindre, là-haut, juste au bord du ciel. Le fond était un petit lac de terre — une planette — où des rudes paysans d'autrefois avaient cultivé la vigne, le blé noir, les pois chiches. Mais depuis la triste invention du service militaire obligatoire, leurs fils, libérés des casernes, étaient restés prisonniers des villes où ils avaient fondé des dynasties de garde-barrières, de cantonniers et de facteurs : si bien qu'au jour même de la mort des vieux, la colline, qui n'attendait que cela, avait lancé sur les champs abandonnés des vagues concentriques de thym, puis de fenouils, puis de cystes et d'aubépines».

Il ne sait pas encore qu'à l'autre bout de la Provence un petit Jean Giono s'imprègne lui aussi de cette dure et fascinante réalité du monde.

Il sait seulement que sa tante Fifi, encore une sœur de son père, elle aussi directrice d'école, et qui vient les voir à la Bastide-Neuve, a fondé une Société du Gland pour le reboisement des collines de l'Estaque, où elle entraîne un troupeau de vierges consternées à enterrer des glands sous une poignée de cailloux.

Les amours buissonnières

Dans les collines, Marcel rencontre une fille de son âge ou presque. Il a onze ans. Elle a de longues boucles d'un noir brillant, des yeux immenses et violets comme des iris (ô Nadja!). Ce n'est pas une fille des champs. Ce n'est pas non plus une fée Esterelle, sauvageonne des plateaux, dont les pieds nus sentiraient le thym, blonde et solaire (comme le sera Jacqueline). C'est une fleur des villes. Elle habite les Bellons, de l'autre côté du hameau. Elle est en vacances elle aussi, avec son père qui est professeur, lui aussi.

Elle s'appelle Isabelle. Un nom d'ailleurs. En Provence, on connaît des Eisabello, mais c'est le diminutif d'*Eisabèu*, Elisabeth. Il y a confusion : Elisabelle, Isabeth? une étrangère.

Étrangère au monde des collines quand Marcel ne s'y sent plus marseillais. Ses parents possèdent une vraie *villa*, avec une terrasse ombragée. Mais pas une bastide, encore moins un château. A l'intérieur, un hamac, un piano, des tapis, un phonographe, un «livigroub». C'est le décor d'un Tartarin tarasconnais qui a le goût de l'exotisme en chambre. En réalité, le père est un poète vêtu en bourgeois, simple correcteur d'imprimerie et qui boit en cachette.

C'est lui qui fait découvrir à Marcel la cérémonie de l'absinthe.

«Il installa devant lui le verre, qui était fort grand, après en

La cérémonie de l'absinthe

avoir vérifié la propreté. Il prit ensuite la bouteille, la débou-cha, la flaira et versa un liquide ambré à reflets verts, dont il parut mesurer la dose avec une attention soupçonneuse (…) il prit alors sur la plateau une sorte de petite pelle en argent qui était étroite et longue, et percée de découpures en forme d'arabesques. Il posa cet appareil, comme un pont, sur les bords du verre et le chargea de deux morceaux de sucre. Alors, il se tourna vers sa femme : elle tenait déjà par son anse une *gargoulette,* c'est-à-dire une cruche en terre poreuse qui avait la forme d'un coq…

« Une main posée sur la hanche, l'infante souleva la cruche assez haut, puis, avec une adresse infaillible, elle fit tomber un mince filet d'eau fraîche sur les morceaux de sucre qui commencèrent à se désagréger lentement.

« Dans le liquide, dont le niveau montait doucement, je vis

39

se former une sorte de brume laiteuse, tandis qu'une odeur pénétrante d'anis rafraîchissait mes narines. Deux fois le maître d'œuvre interrompit en levant la main la chute du liquide qu'il jugeait sans doute trop brutale ou trop abondante : après avoir examiné le breuvage d'un air inquiet, puis rassuré, il donna par un simple regard le signe de la reprise de l'opération.

« Soudain, il tressaillit et, d'un geste impérieux, il arrêta définitivement le filet d'eau, comme si une seule goutte de plus eût pu dégrader instantanément ce breuvage sacré... »[28]

Les boules

Parmi les grandes affaires qui retiennent l'attention des habitants de la Treille, il y a bien sûr les boules. Marcel assiste au grand concours qui sur l'esplanade oppose 120 joueurs en 40 équipes, ce qui représente environ 300 apéritifs et 100 bouteilles de bière.

Il se souvient (prétend-il) des parties rituelles sous les platanes du cours Barthélemy à Aubagne. « Mon père, parmi d'autres géants, faisaient des bonds prodigieux[29] et lançait une boule de fer à des distances inimaginables. Parfois, il y avait de grands applaudissements, puis les géants finissaient toujours par se disputer à cause d'une ficelle qu'ils s'arrachaient des mains, mais ils ne se battaient jamais. »

Ici, à la Treille, les joueurs sont aussi pittoresques que sur le dessin que fera Dubout de la fameuse partie qui sur le Vieux-Port interrompt le trafic des tramways.

« Ce Pessuguet, c'était le facteur d'Allauch, qui frappait cinq boules sur six. Avec Ficelle, fin pointeur, et Pignatel qui faisait un redoutable ''milieu'', ils étaient la terreur des banlieues et on disait que c'étaient ''de vrais professionnels''. Du reste, ils le disaient eux-mêmes avec fierté et parce que Ficelle était des Accates et que Pignatel venait de La Valentine, ils avaient baptisé leur équipe la Triplette internationale des Bouches-du-Rhône. »[30]

N'empêche que c'est l'équipe de Joseph Pagnol et de l'oncle Jules qui remporte le trophée. Les perdants vont baiser Fanny. C'est-à-dire un tableau d'un mètre carré et qui représente « un derrière ! Rien d'autre. Rien qu'un gros derrière anonyme, un vrai derrière pour s'asseoir, que le peintre avait cru embellir d'un rose qui me parut artificiel. » Marcel oublie de préciser qu'il s'agit d'un derrière de dame, bien sût !

Fanny est un nom commun à Marseille (diminutif d'*Estefaneto*) mais on peut se demander comment il est possible de le donner à une fille, ou à un personnage, sans songer à son revers !

Les pestiférés

Aux vacances suivantes, Marcel se trouve un nouvel ami, le jeune Yves dont la grand-mère maternelle habite toute l'année à La Treille. Mais celui-ci a son propre territoire d'exploration, du côté d'Allauch. Il ne sait rien du pays d'Aubagne. Il entraîne son compagnon au Bec-du-Pugnaou et à la grotte des Pestiférés. C'est tout une histoire qui commence. Marcel apprend l'origine de ce nom effrayant. Il paraît que les gens de La Treille auraient été d'abord des réfugiés frappés par la grande peste de 1720 et chassés par les fanatiques marseillais soucieux de se débarrasser de ces contagieux... Repoussés dans ces « déserts », condamnés à

Mythologie marseillaise : un décor de Au pays du soleil

Le rituel des boules dans Fanny

Double page suivante :

La fameuse partie de boules qui encombre le Vieux-Port vue par Dubout

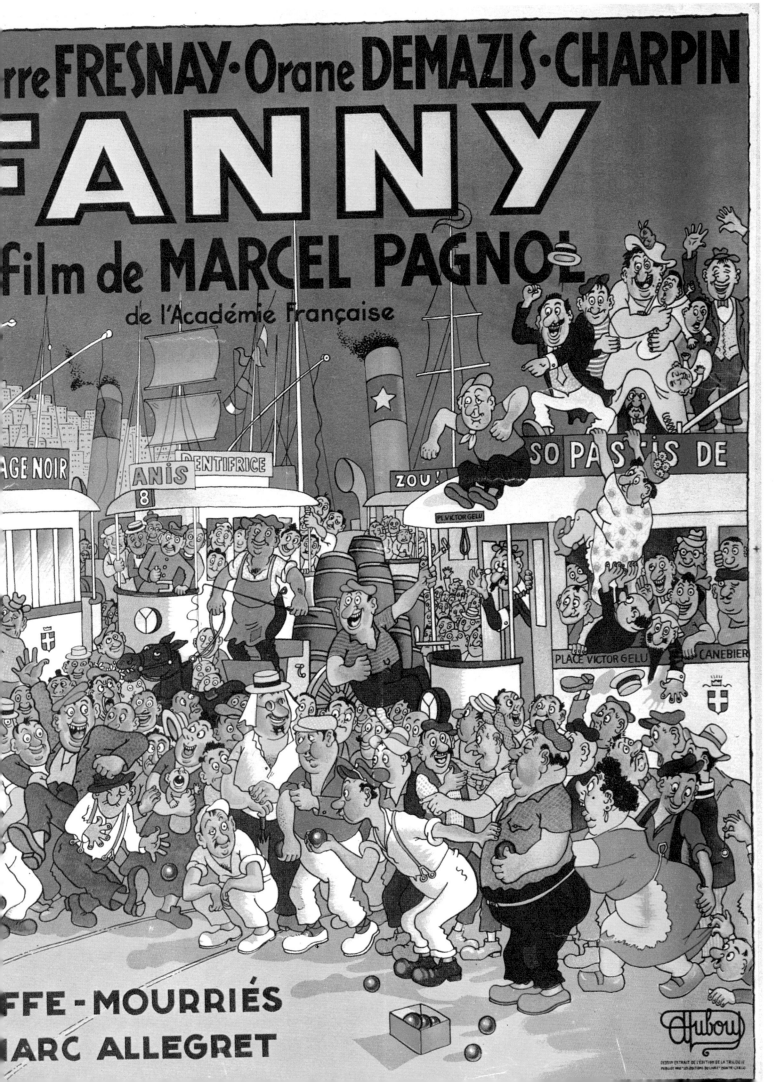

se cacher dans les baumes, après avoir subi brimades et sévices, ils auraient tant bien que mal survécu en bêtes sauvages, se nourrissant de racines avant de pouvoir, après bien des générations, oser bâtir un village.

On retrouvera, à propos de *Regain*, ces martyrs, expulsés de la ville par les autorités, non plus cette fois parce qu'ils sont physiquement contagieux, mais moralement hérétiques, et protestants (l'épisode des langues coupées, commun à Giono et à Pagnol).

Imp. de P. Bineteau

Costume d'un Médecin du Lazaret de Marseille en 1720.

L'homme masqué contre la peste porte une tête d'oiseau pour ne pas avoir la langue coupée (A. B. Clot-Bey, De la peste observée en Égypte, Paris, Fortin-Masson, 1840)

Dans *Le temps des amours,* Pagnol introduit, comme un mise en abîme, l'histoire des pestiférés, longue nouvelle qui aurait pu faire un livre, et qui raconte comment un médecin sauve une communauté frappée par l'épidémie. Pagnol est visiblement sensible au fait que c'est à partir de Marseille que rayonne le mal venu de la mer et qu'il s'étend des quais du Vieux-Port aux collines de l'arrière-pays. Les miasmes montent de la ville vers les montagnes du bon air.

Curieusement, l'histoire des pestiférés est mise dans la bouche d'un inconnu, joueur de trompette (quelle renommée !) qui est un marin en congé. Il a décidé de naviguer dans les collines. Comment se fait-il que vous soyez venu vous perdre dans ce village ? lui demande Yves. — Je ne suis pas venu m'y perdre, mais m'y retrouver. La rame et la pelle, encore...

Marseille 2

La langue provençale

De 1905 à 1913, de 10 à 18 ans, Marcel est demi-pensionnaire au lycée Thiers à Marseille.

Au bout de la rue de la Bibliothèque. Mais on lui fait remarquer qu'il n'y a pas de bibliothèque dans cette rue. Cette fausse appellation n'est qu'un premier leurre. Dans la cour, la pendule (grosse comme une roue de charrette) sonne 28 coups à midi, ce qui équivaut peut-être à chercher minuit à quatorze heures. Autres pièges, les portes et les cours qui se succèdent comme le long du canal des châteaux.

Au creux de ces bâtiments carcéraux, Marcel a pour professeur de français un certain Émile Ripert dont il ne sait pas encore qu'il est le grand artisan de la renaissance de la langue provençale et de sa résurrection dans le mouvement des félibres [31].

Mais cet éminent provençaliste ne peut, dans ses cours, faire état de sa passion ni la communiquer à ses élèves. L'administration lui coupe la langue (comme on le verra, à propos des gens d'Aubignane) et fait de sa foi une hérésie. En ce temps-là (les séquelles malheureuses des lois Jules-Ferry), il est absolument interdit de parler le provençal en classe et même en récréation. Les maîtres sont chargés de recueillir les expressions «patoises» qu'ils surprennent dans la bouche des enfants, comme des obscénités, et de les afficher au tableau noir (ce qui était peut-être une façon détournée de les mieux ancrer dans la mémoire des gamins). Tout élève surpris à s'exprimer dans la langue de sa mère est puni : on lui inflige le port d'une clef (sic) qu'il repasse au fautif suivant. A la fin de la classe, le dernier écolier en possession de ce signe est condamné à balayer la salle comme pour la laver de cette pollution.

Ailleurs, dans la Provence intérieure, c'est un sou qui sert ainsi de marque infamante. Mais à Aubagne déjà (où enseignait son père) chaque mot provençal était une *clef des champs*. A Marseille, tout de même, Marcel entend familièrement cette langue qu'il a apprise dans sa famille, et qui lui permet (contre les principes de l'enseignement officiel) de devenir un bon latiniste [32]. Parce que «cette langue est beaucoup plus proche du latin que le français. Évidemment des mots ont changé de forme

Marseille, le lycée Thiers aux portes closes

Le lycée Thiers aux arcades pleines de vide

au cours des siècles. Mais à cette époque (1910), le peuple du Midi parlait encore la langue romane, la langue d'oc. La Provence est restée une colonie romaine, une terre d'émigration pour les Piémontais, les Lombards, les Napolitains et il y avait dans les écoles publiques beaucoup de petits garçons qui étaient les premiers de leur famille à savoir lire et parler le français»[33].

Le parc Borély

A l'intérieur même de l'année scolaire, il y a des vacances, comme des parenthèses : les jours de sortie. Comme en sa première enfance, c'est au parc Borély que Marcel les passe. Mais le décor, à ses yeux, a changé.

« Il y avait un *château* superbe, au milieu d'une véritable forêt de pins et d'yeuses. Autour du château, de nombreuses baraques étaient installées... Dans un coin du parc, aux allées bien ratissées, un théâtre en plein air. Cette région ne faisait point notre affaire. Et nous nous dirigeâmes vers la partie la plus boisée où des petits sentiers tenaient lieu d'allées. Ces parages convenaient à souhait et nous découvrîmes une *grotte* artificielle, cachée au milieu de ronces du plus bel effet. Un sentier y donnait accès. Elle avait trois issues et, en cas de surprise, chacun des amoureux pouvait s'enfuir de son côté sans aucun risque. »[34]

Parce que le Parc est devenu le refuge des rendez-vous clandestins. Dans ce paysage, qui est comme une projection idéalisée du monde des collines, avec son château et sa grotte (miroir à deux faces), Marcel découvre que les amours buissonnières s'accommodent d'une certaine réalité physique.

Le Parc Borély ou les amours saisonnières

G. M. — 6. — **Marseille** : *Le Parc Borély*

Voyage en Provence

Marcel décroche son premier bac en juillet 1912, le second en juillet 1913. Il passe une année (1913-1914) à Digne, où il est maître d'internat, c'est-à-dire pion. Digne, c'est la Provence la plus lointaine, pour un natif du terroir marseillais. Un pays de montagnes aussi réel et irréel à la fois que ces chaînes de rochers escarpés et bizarrement assemblés qu'on voit au fond des tableaux religieux et qui prétendent représenter le désert et la nature.

Les vacances suivantes, celles de 1914, ne ressemblent guère aux autres. Mobilisé, Pagnol est expédié à Nice où il reste cinq mois. Il est vite réformé pour faiblesse de constitution. Eh oui, ce garçon de 19 ans n'a pas, aux yeux de l'armée, la force nécessaire d'un bon soldat. Cela tombe bien. Comme Giono, il est antimilitariste. Il a, d'abord, sa « petite patrie » à défendre.

De Nice, il ne retient guère que des images de chromo. Il n'y voit que des étrangers, il n'a pas le temps de rencontrer les bonnes gens des vieux quartiers, autres santons très colorés, ni de se familiariser avec le parler nissard.

De 1915 à 1917, il est nommé répétiteur, chargé des cours d'anglais,

47

au collège de Tarascon. Il trouve à se loger quai Blanqui, n° 40. L'établissement est vétuste et il s'en souviendra pour le décor de la pension Muche dans *Topaze*. Mais si Tarascon est une vraie ville provençale, c'est aussi la capitale de la Provence de Daudet, fort différente de celle de Mistral. C'est une ville-frontière, sans être une forteresse. Elle regarde le Languedoc, au-delà des murs de Beaucaire dont la séparent non seulement un pont (dont on ne sait jamais s'il porte le nom de Tarascon ou celui de Beaucaire) mais aussi une inimitié féroce et cocasse à la fois. Elle défend donc la Provence avec un acharnement qui la conduit aux pittoresques excès de la galéjade, ou plutôt de la tartarinade. Elle a fini (après avoir beaucoup râlé) par accepter d'être en partie du moins représentée par ce personnage inventé par Daudet qui, la ridiculisant, lui donne une sorte d'identité. Et puis n'a t-elle pas pour se défendre un dragon que personne ne songe à lui ravir, la Tarasque que l'on promène en effigie? Pagnol y rencontre ainsi les fameux chasseurs de casquettes et le jardin du baobab. Il écoute avec ravissement les palabres bistrotières dont la vivacité vaut bien celle des joueurs de cartes du Vieux-Port.

Après un bref séjour à Pamiers, dans l'Ariège, mais c'est encore un terroir de langue d'oc, il est nommé à Aix, au lycée Mignet, rue Cardinale, auprès de la fontaine des Quatre-Dauphins. Aix est, on le sait, la ville des fontaines et le bruit de l'eau qui coule obsède les passants. Chacune d'elles chante ou pleure, selon l'humeur.

Enfin, Pagnol revient à Marseille, de 1920 à 1922, jeune professeur adjoint au Petit Lycée, annexe du lycée Thiers. Il y fait ses débuts d'artiste, il porte une grande cape romantique qui n'est guère celle de berger des plateaux et on le surnomme Judex, comme le héros des feuilletons cinématographiques, la série des Fantômas, qui ravissent tout Paris.

Tout aussi héroïquement, Pagnol «monte» dans la capitale où, condamné à donner des cours d'anglais au lycée Condorcet, il se lance avec succès dans la carrière théâtrale. C'est un exil fertile.

MARSEILLE PAGNOL

Marius, Fanny, César

A Paris, Pagnol a le mal du pays. Comme tant de Méridionaux qui ont choisi de faire fortune (ou de tenter la chance) dans la capitale, il garde au cœur l'accent de Marseille.

«Je voyais dans mes rêves le peuple joyeux des pêcheurs et des poissonnières... Alors je retrouvais l'odeur des profonds magasins où l'on voit dans l'ombre des rouleaux de cordages, des voiles pliées sur des étagères et de grosses lanternes de cuivre suspendues au plafond, je revis les petits bars ombreux le long des quais et les fraîches Marseillaises aux éventaires de coquillages. Alors, avec beaucoup d'amitié, je commençai à écrire l'histoire de ce Marius...».

Pour atmosphère de sa première pièce de théâtre, il choisit (comme Mistral pour *Mireille* avait choisi la Provence de son enfance) le Marseille de sa jeunesse, déjà enfuie. L'éloignement pare la cité phocéenne d'une aura qu'il n'avait pas distinguée quand il la fréquentait. «Je ne savais pas que j'aimais Marseille, ville de marchands et de courtiers. Le Vieux-Port me paraissait sale et il l'était. Quant au pittoresque des vieux quartiers, il ne m'avait guère touché jusque là et le charme des petites rues encombrées de détritus m'avait toujours échappé.»

Cette redécouverte elle-même nous échappe. Quand donc le jeune Pagnol a-t-il découvert les quais du port ou fréquenté ses bars dont il ne parle nulle part ailleurs? C'est sans doute pendant ce bref séjour, de 1920 à 1922, alors qu'il fait ses premières armes littéraires dans le groupe qui anime la revue *Fortunio.* Mais ces poètes ne sont point, comme certains de leurs confrères parisiens, des piliers de bistrots et des fréquenteurs des lieux mal-famés. Ils sont même assez bourgeois dans leur genre.

Marseille des années 20

Le Marseille dont Pagnol a déjà la nostalgie correspond à celui que découvrent les Français quelques années après la guerre, à travers les verres grossissants de ce qu'on a appelé le «fantastique social» cher à Mac Orlan et à Carco, mais aussi à Blaise Cendrars et à André Suarès[35].

Atmosphère portuaire, porte de l'Orient, passeport pour l'aventure, c'est le Marseille des garçons tatoués et des filles peintes, des macs et des putes du Panier. Des ruelles du quartier interdit, et considérées comme particulièrement pittoresques, on vend sans se cacher le guide illustré. En ce temps-là (de notre sensibilité), les nervis remplacent les cagayous d'Alger, mais Marseille est toujours reliée à la Casbah. Pépé-le-Moko fait déjà le va-et-vient entre la côte maghrébine et les docks phocéens. La Légion étrangère elle aussi s'installera à Aubagne, par un curieux hasard. C'est la mise en place d'une méchante image de Marseille, déformée, injuste, plus menteuse que les galéjades méridionales. Le brouillard de Jack l'éventreur s'efface à l'ombre de ce soleil où les démons se manifestent à midi le juste.

Cette mauvaise réputation aura la vie dure et pendant toute l'entre-deux-guerres. Elle trouvera son illustration la plus colorée et la plus cruelle au cinéma. En particulier dans le film de Tourneur, *Justin de Marseille* (1934), histoire de deux bandes rivales de truands à casquette blanche,

Les vieilles rues du Panier, le quartier des filles peintes et des garçons tatoués

50

Le dessous du Panier et ses belles de mai un peu fanées

La place des Fainéants, de quoi rendre jaloux les Parisiens

PLACE DES FAINÉANS.

parodie du milieu marseillais mais tempérée par une atmosphère à «la Pagnol» avec des scènes cocasses et des portraits chargés. Un camionneur, souvenez-vous, y déclare : «la vérité de Marseille est tellement belle que, de loin, on la prend pour un mensonge».

Évidemment, les Marseillais ont boudé ce film. «Il faut vous dire, déclarera Carlo Rim, qu'à ce moment-là les Marseillais, qui ont l'esprit chatouilleux, en avaient marre de la publicité faite à leur ville par les opérettes marseillaises et les revues de l'Alcazar. Ils voyaient rouge quand les journaux parisiens parlaient de leur ville comme d'un nouveau Chicago. *Justin de Marseille,* dont ils ne virent pas le côté parodique, leur apparut comme une nouvelle atteinte à leur réputation. Leurs édiles firent interdire le film qui sortit à Toulon...»

La légende n'est pas morte. Elle a été reprise dans *Borsalino.* Elle rejoint la caricature des histoires dites «marseillaises» et les aventures de Marius (l'autre) et d'Olive.

Elle multiplie les clichés qui sont autant de cartes postales Elles véhicule la paresse par exemple. Et les touristes rigolent quand ils rencontrent une Place des Feignants dans les villages provençaux. Or, «la paresse, dit César, tu ne comprends donc pas que c'est une maladie, et peut-être la plus triste de toutes ?» Ou le mensonge, c'est-à-dire l'envers de la vérité, c'est-à-dire la vérité du dimanche (selon la belle expression d'Yvan Audouard). «Tu veux dire le mensonge du Midi, déclare encore César, il est peut-être moins grave que l'autre puisqu'il est en général désintéressé.»

Mythologie marseillaise : la paresse métamorphosée en stéréotype (affiche du film Honoré de Marseille *de M. Régamey avec Fernandel) (1956)*

A cela Pagnol s'emploie déjà à répondre par la bouche de César. Et puis par celle de Monsieur Brun, l'étranger : «Dans le monde entier, mon cher Panisse, tout le monde croit que les Marseillais ont le casque et la barbe à deux pointes et qu'ils se nourrissent de bouillabaisse et d'aïoli en disant *bagasse*[36] toute la journée.

«César — Eh bien, monsieur Brun, à Marseille on ne dit jamais *bagasse,* on ne porte pas la barbe à deux pointes, on ne mange pas souvent de l'aïoli et on laisse les casques pour les explorateurs, et on fait le tunnel du Rove, et on construit vingt kilomètres de quai pour nourrir toute l'Europe avec la force de l'Afrique. Et en plus, monsieur Brun, on emmerde tout l'univers!»[37]

A Paris, Pagnol va au cinéma. Il voit ces miroirs déformants que sont les films qui mettent en scène son pays natal : *Fièvre* de Louis Delluc ou *Cœur fidèle* de Jean Epstein pour ne citer que ceux-là. C'est le temps où l'on publie dans les journaux des reportages sur le Vieux-Port, les derniers voiliers, les raccommodeurs de filets dont on s'étonne qu'ils soient des hommes, les poissonnières, dont on fait à tort des poissardes, qui portent encore le «costume», la jupe noire plissée et raide et qui ont leur franc-parler.

Pagnol les écoute, dans sa mémoire, dans sa tête de Parisien qui est comme un gros coquillage dans lequel on entend la mer. Il note tout ce qui était *éjecté* (le mot est de lui) sur les quais, au marché, dans le tram, partout... Il contemple le pont transbordeur, plus jeune que lui puisqu'il n'a été jeté en travers de la rade qu'en 1905.

Le ferry-boat

Et le ferry-boat surtout, bateau omnibus à vapeur, avec hélice et gouvernail à chaque extrémité comme un ver à deux têtes et qui exécute 24 traversées par jour avec 70 passagers. Il a commencé sa carrière dans les dernières années du siècle. Deux lignes alors : Mairie - place aux Huiles et Saint-Jean - Carénage. Le pont transbordeur a fait supprimer celle-ci. L'autre fut déplacée à la hauteur de la Criée aux poissons, toute neuve elle aussi. Ce mirifique *ferri-boîte* «se faufilant au milieu des tartanes de pêcheurs, à côté des balancelles déchargeant les oranges, le long des bricks-goélettes venant charger de la ferraille, ou dans le fouillis des *pointus* et des barquettes des plaisanciers...». Les clients n'étaient touristes (déjà) que l'été. Le reste de l'année, «pêcheurs et poissonnières du Panier se rendant à la Criée, travailleurs des petites industries installées le long de la rue Sainte...»[38].

Il y avait pour le commander un vrai capitaine (au court cours) que Pagnol affuble du nom d'Escartefigue (mais il n'invente pas : le maire de Toulon s'appelait alors Marius Escartefigue) et qu'il décrit ainsi : «La barbe carrée, l'œil d'un pirate, le ventre d'un bourgeois, il porte un uniforme inconnu qui tient du gardien de square et de l'amiral.» César en colère le traite d'amiral de banquette de café, de commodore de la moleskine... Au cinéma, il sera incarné par Paul Dullac (*Marius* et *César*) puis par Auguste Mouriès (*Fanny*).

Le ferry-boat ou ferri-boîte, boîte en fer qu'on met en boîte et qui n'en a que faire

Le débarquement des oranges

53

Le bar de la Marine

Le ferri-boîte a aussi un chauffeur, «voyou maigre de quatorze ans».
Il doit avoir des bandes molletières, un énorme bonnet de police et une
large taiole d'étoffe retient son pantalon. Ce sera plus tard l'inoubliable
Maupi.

Le bureau du capitaine, c'est le *bar de la Marine,* quai de Rive-Neuve,
côté gauche du Port quand on descend de la Canebière. Typique petit
bar marseillais, protégé des mouches et du soleil par un rideau en olives
de bois, avec son comptoir en marbre sale, sa banquette en faux cuir
affaissé. On y boit l'anisette (2,25 F) et la rinçolette, le cinzano-cassis
et le mandarin-citron. Un peu de pastis, mais beaucoup moins
qu'aujourd'hui.

Dehors, c'est la terrasse et l'indispensable éventaire de la marchande
de coquillages. Cet étal poissonnier, avec ses guirlandes de citron et ses
bouquets de persil, ses mers de glace où glissent des clovissens et des
violets, est ici inséparable du café marseillais (ou des restaurants) : c'est
son poisson-pilote. Il colle à la façade comme une arapède à son rocher.
Il y a symbiose, association durable et profitable entre ces deux corps
vivants. Il y a aussi entre le cafetier et la marchande de coquillages des
relations particulières. Lui, offre l'abri de sa boutique, elle, sert de raba-
teuse. Le client consommera le vin blanc avec les oursins. L'ensemble
est un pagure, un bernard-l'hermite.

Mais si César habite au-dessus de son établissement, Honorine demeure
avec sa fille Fanny de l'autre côté de la rade, quai du Port c'est-à-dire
vers le Panier, quartier des femmes. Il lui faut chaque jour se «transbor-
der» par le ferry-boat.

Aujourd'hui, le bar de la marine est toujours là, à côté de l'ancienne
Criée. Il a perdu son éventaire et son odeur d'iode. Mais au mur un
tableau représente la fameuse partie de cartes. C'est un bon petit bistro
où on mange à la bonne franquette. Évitez seulement d'y parler de César.
Ça distrait le patron.

Café du Vieux-Port

*Le quai d'en face ou quai du
Port d'où viennent Hono-
rine et Fanny*

*La famille Pagnol avec le
patron du Bar de la Marine*

Le Vieux-Port, vu du Bar de la Marine

Autour du café, le quai était alors encombré de pyramides de tonneaux et de montagnes d'arachides, de caisses aux noms racoleurs, Bangkok, Batavia, Sidney... dont rêvait Louis Brauquier, le jeune condisciple de Pagnol, poète épris de voyages au bout du monde et dont il fera un peu Marius.

Et à côté du bar, le magasin (pas la boutique!) de Panisse, maître voilier, qui s'enfonce dans l'ombre en un étroit et long couloir, avec ses rayons chargés de coupons de toile à voile. Panisse n'est pas encore *schipchandler* ou chipe-chandeleur (pourtant le mot apparaît en 1905, en même temps que le pont transbordeur), mais il a déjà des prétentions de fournisseur de la batellerie de plaisance et guigne les vacanciers qui commencent à porter des casquettes d'officier de marine, déguisement plus ridicule encore que celui d'Escartefigue parce qu'il n'est pas «fonctionnel».

Marseille port de mer

L'éventaire des coquillages, toujours vanté, jamais éventé

La boutique de Panisse

Au delà des camions dont beaucoup sont encore hippomobiles et des tramways qui grincent à vous faire mal aux dents, il y a la forêt des mâts qui dansent dans un perpétuel envol de mouettes blanches.

Peut-être que de vivre entre la rade du Vieux-Port et le bassin de carénage (disparu mais en ce temps-là au bout du quai de Rive-Neuve) n'est pas la même chose que de vivre au bord de la mer, la vraie, celle du large. Le Vieux-Port, dans sa mythologie, est moins un port qu'un abri à bateaux pour les pêcheurs et les navigateurs en eau tiède.

Le vrai port de Marseille est ailleurs, à la Joliette, où sont les gros navires. Du bar de la Marine, on ne voit pas la haute mer. On ne voit même pas partir les cargos qui tirent leur bordée dans les pays orientaux. Escartefigue n'a jamais songé à dérouter de son itinéraire Criée-Radeau. Il n'y a que Marius, le merle bleu, pour avoir vu un jour «devant le bar, un voilier qui s'est amarré, un trois-mâts qui apportait du bois des Antilles, qui sentait le camphre et le poivre. Il arrivait d'un archipel qui s'appelait les Iles-sous-le-vent»[39]. Et qui depuis n'a plus qu'une idée : s'embarquer. C'est cette idée bizarre, tout à fait contraire aux habitudes des riverains du Vieux-Port, qui sera le moteur de la trilogie de Pagnol.

En vérité, la connaissance de cet Orient dont leur ville est la Sublime Porte, les Marseillais l'ont d'abord à travers l'Exposition coloniale de 1922.

Les Marseillais de Pagnol sont des terriens. Ainsi se tournent-ils vers le centre-ville plutôt que vers le grand large, respectant le vieux proverbe provençal : *Lauso la mar e tènt-t'a la terro![40]*

Type de pêcheur

Pêcheurs pêchant par orgueil quand ils prétendent, péchère, qu'ils ont la pêche

L'Alcazar et le Palais de Cristal

Le bateau de Marius ? Si ce n'est pas la Malaisie *il lui ressemble bien.*

Leur exotisme, ils le trouvent dans les opérettes qu'on joue autour de la Canebière. Pagnol dit avoir eu dans l'oreille, en écrivant *Marius*, la voix et le ton des acteurs de l'Alcazar. N'oublions pas que sa trilogie fut d'abord écrite pour le théâtre, où le jeu est naturellement forcé.

L'Alcazar, c'est le grand music-hall de Marseille dont l'entrée, style nouille et art nouveau, s'ouvre sur le cours Belsunce. En 1920, pour 20 sous, le client a droit à une boisson gazeuse et un tour de chant pas toujours sirupeux, une pantomime, une revue ou une opérette. On y voit Alida Rouffe, chanteuse réaliste (qui deviendra Honorine dans *Marius*) et Fernand Comtandin, comique troupier, qui n'est pas encore Fernandel[41].

L'Alcazar, Au pays du soleil

L'Alcazar lyrique de Marseille.

L'Alcazar, cours Belzunce, avant l'invention du chaud-bise

Pagnol fréquente aussi, très jeune, le Palais de Cristal, sur la Canebière où, entre autres éléments de distraction il y a un billard et une salle de boxe. On y donne en 1896 *Vas-y Marius!,* revue chantée de Verdellet et Cinoh.

Le Palais de Cristal : la salle et la scène en 1912

Devenu cinéma Pathé, le Palais de Cristal «ressemblait à un immense aquarium avec ses glaces et ses éclairages modernes. La salle de spectacle était flanquée d'une brasserie et d'un bar américain où évoluaient des dames de petite vertu allant de table en table. Les messieurs seuls y venaient à la recherche d'une aventure d'un moment. Quant à la clientèle normale (sic), elle était attirée par le spectacle de café-concert traditionnel. Chanteuses réalistes, gommeuses, danseurs modern'style, acrobates, se disputaient ses faveurs avec les comiques troupiers, les diseurs à voix, les prestidigitateurs et les chansonniers humanitaires... Le Palais de Cristal était renommé pour ses matinées artistiques qui donnaient aux amateurs l'occasion de courir leur chance»[42]. Mais la plupart de ces chanteuses réalistes ne savaient pas que plus d'une finiraient, comme Arsule[43], sur les routes poudreuses de la haute Provence, attelée à la bricole d'un rémouleur.

Le pays marseillais

Si les héros de la trilogie ne prennent pas le large, ils hantent volontiers le littoral. Qu'ils explorent par la côte, en cabotant le long des calanques, parce que la route de l'intérieur est encore mauvaise, mal fréquentée, déserte et ennuyeuse, et puis parce que le chemin de mer, c'est celui des contrebandiers, des braconniers, des pêcheurs à la sauvette, ce qui flatte leur goût inné pour l'activité clandestine. Leurs terrains de loisirs vont de la plage des Catalans aux cabanons d'Endoume et de Callelongue.

Marius se souvient quand, petit, le dimanche, avec César ou Panisse, ils allaient du côté du cap Couronne, vers Carro, ou, si le temps était mauvais, à Niolon, à Carry...

Panisse a même une *villa* à Cassis, sous les pins et les palmiers, avec terrasse face à la mer et fauteuils en osier véritable.

Et puis César et Césariot vont à la pêche au large de Toulon et sur la plage font cuire la bouillabaisse à l'eau de mer. La pêche, en ce pays marseillais, est tout aussi importante que la chasse, mais ce n'est pas le domaine de Pagnol. Il cite bien les termes de *palangrotte,* de *toulonnenque,* de *piadon,* de *saran,* mais ce n'est qu'une parenthèse dans son récit.

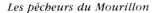

Les pêcheurs du Mourillon

LE MOURILLON. — Le Port. — Types de Pêcheurs. — LL.

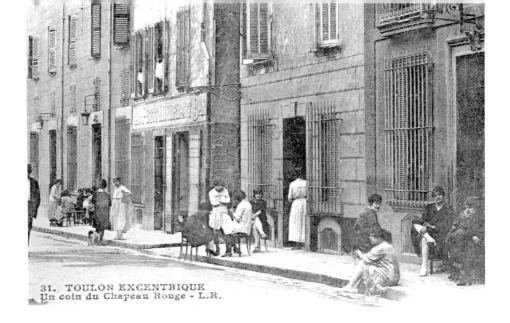

31. TOULON EXCENTRIQUE
Un coin du Chapeau Rouge - L.R.

Toulon

Par contre, il envoie Marius, retour d'outre-mer, vivre à Toulon. Ce n'est pas innocent.

Toulon est l'ancienne ville des bagnards. C'est encore celle des marins en bordée, des légionnaires de la mer, des têtes brûlées. Autre Casbah bourrée de mauvais garçons et de filles prostituées. Les bordels y sont plus nombreux que les reposoirs.

Et c'est là que Marius expie sa faute — comme un légionnaire qui s'est engagé — parce que dans cette imagerie fabriquée entre les deux guerres par la littérature, le cinéma et la presse à sensation, la ville a une fâcheuse réputation qui excite l'imagination. Les bas-fonds y nourrissent des amours coupables et des crimes repentis. C'est aussi le port

Toulon mal famé

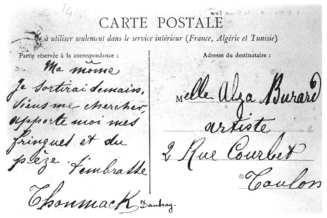

des trafics, de la contrebande du tabac, de l'opium. «Cent soixante kilos, invente Fernand, c'est une tartane grecque qui les apporte au large du cap Sicié. Nous partons à la pêche un matin de bonne heure. En mer, on transborde...»[44]

L'accent

Lorsqu'en 1929 *Marius* est joué pour la première fois au Théâtre de Paris, un critique qui assiste aux répétitions déclare : «Je crois que cette œuvre me plairait si je comprenais ce que les acteurs disent. Il y a des tournures très incorrectes et puis cet accent qui déforme les voyelles. J'ai beaucoup de peine à le suivre. » Ah, cet *asssèng*, comme écrivent les Parisiens ! Pagnol remet lui-même les choses au point quand apparaît dans *Fanny* ce Parisien qui affecte de parler avec un extraordinaire accent marseillais :
«— Hé biengue, mademoiselle Fanylle, est-ce que votre mère est ici ?
— Non, Monsieur. Elle vient de partir à la poissonnerie.
— A la poissonnerille ? O bagasse tron de l'air ! Tron de l'air bagasse ! Vous seriez bien aimable de lui dire qu'elle n'oublille pas ma bouillabaisse, ni mes coquillages, bagasse !
— Et à qui faut-il l'envoyer ?
— A moi-même : M. Mariusse, 6 rue Cannebière, chez M. Olive. Et n'oubliez pas, ô bagasse ! Tron de l'air[45] de mille bagasse !...»

La partie de cartes (tableau d'Audibert exposé au Bar de la Marine, quai de Rive-Neuve)

La partie de cartes (santons de Marius Chave à Aubagne)

En réalité, cet accent n'est «accentué» qu'à l'oreille des étrangers. Il est d'abord le ton naturel de cette douce langue provençale que l'on a comparé au toscan. Il ne saurait devenir ridicule que surpris à Paris dans la bouche de Méridionaux dépaysés.

Il ne faut pas oublier que Pagnol destinait sa pièce au public de l'Alcazar et ce n'est que grâce à son directeur, Franck — qui eut le mérite de reconnaître un chef-d'œuvre — qu'il accepta l'idée qu'elle valait bien une scène parisienne.

Marcel Pagnol, Orane Demazis, Alibert et Vincent Scotto

Les acteurs

Georges Berni raconte[46] qu'à un journaliste lui demandant s'il écrivait en pensant à ses interprètes, Pagnol répondit (en 1935, pour la sortie du film *Cigalon*) :

«Toujours. Mon texte n'est jamais définitif. Pendant la répétition d'une scène, j'adapte mes propos au physique de l'acteur.»

Et quand il présenta *Marius* à Volterra, directeur du Théâtre de Paris, il exigea que sa pièce soit jouée par des interprètes méridionaux : Raimu de Toulon, Orane Demazis d'Oran, Alida Rouffe de Bordeaux, Charpin, Maupi, Delmont, Vibert, Asso (le premier M. Brun) de Marseille. Seuls Fresnay est alsacien et Vattier (le second M. Brun) est breton. Pour *Fanny*, il souhaita prendre les mêmes, mais Alida Rouffe dut être remplacée par Mme Chabert et Fresnay par Berval. Et surtout Raimu par Harry Baur. Mais quand il entreprendra la version filmée de sa trilogie, priorité sera donnée à ses compatriotes.

Raimu, pseudonyme de Jules-Auguste-César Muraire, né en 1883 à Toulon (où il est inhumé), était fils de tapissier, comme Molière. Il se fit tourlourou au casino de sa ville natale sous le nom de Rallum, puis souffleur à l'Alhambra de Marseille jusqu'au jour où il remplaça au pied levé la vedette Fortuné Aîné avec succès. Il débuta dans un tour de chant sous le nouveau nom de Muraire (anagramme de Raimu — mais on constate que Raimu est, presque, l'anagramme de Marius). Sa voix bron-

Madame Chabert (Honorine dans Fanny)

Alida Rouffe

Jules Muraire, dit Raimu, père de Marius

Milly Mathis

zante, comme on dit dans le Midi, lui valut de réels triomphes. Mais c'est à Paris, dans le rôle de César, qu'il accéda à la notoriété.

Sans rejeter dans l'ombre l'admirable Harry Baur, Raimu colle parfaitement au personnage inventé, entre guillemets, par Pagnol. «C'était un tendre qui ressentait énormément d'émotion mais qui ne voulait pas le laisser paraître», nous dit sa fille[47].

«Il travaillait énormément ses rôles. Lorsque Pagnol lui a dit : ''Tu vas être le boulanger'', il est allé chez le boulanger de Bandol (où il résidait) pour bavarder avec lui et l'observer. La tête qu'il s'est faite dans le film, c'est la tête du boulanger de Bandol. Cette moustache, ces cheveux un peu flous, ce gilet de flanelle et aussi ces gestes pour enfourner le pain, ce sont ceux du boulanger de Bandol.»[48]

Fernand Charpin est né à Marseille en 1887. Lui aussi a été révélé par le rôle de Panisse dans *Marius*. «J'ai une figure comme le derrière d'un soldat, disait-il, et un derrière comme la figure d'Escartefigue.» On le retrouvera dans le rôle du marquis de *La femme du boulanger* et plus tard

dans celui du père Mazel dans *La fille du puisatier*. Il sera par ailleurs un
étonnant Tartarin de Tarascon.

Marcel Barberin, dit Maupi, est né à Marseille en 1881. Maigre et
petit comme un anchois dessalé, il débuta à l'Alcazar comme comique
avec le Toulonnais Tramel, puis devint artiste de café-concert.

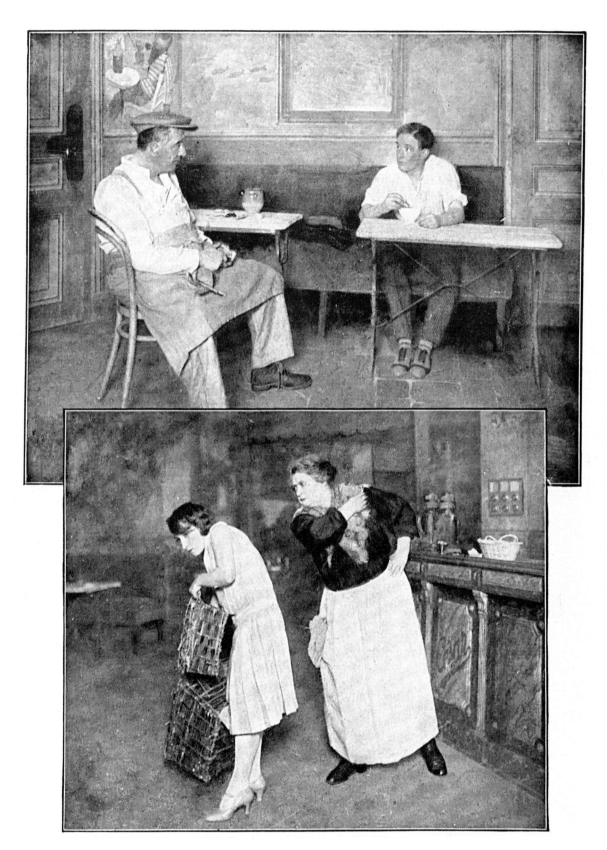

Édouard Delmont est né à Marseille en 1883, Milly Mathis en 1901…
Presque tous révélés au grand public par *Marius*, ils doivent beaucoup
à Pagnol et sont désormais inséparables de sa mythologie marseillaise.
Mais Pagnol aussi leur doit beaucoup. Ils ont incarné, au sens le plus
strict, les personnages qu'il a proposés aux Marseillais.

Mais ceux-ci à leur tour, s'ils doivent beaucoup à Pagnol, et fiers de savoir le Vieux-Port illustré jusqu'en Amérique, ont d'abord tiqué devant ce tableau de mœurs dans lequel ils ont hésité longtemps à se reconnaître et même à reconnaître leur voisin de boutique. Ces figures exemplaires leur parurent avant tout des portraits-charge, des caricatures. Ce Pagnol de Paris, était-il bien d'origine phocéenne ? Ils en doutaient.

Des noms et des prénoms marseillais

Les noms des protagonistes de la trilogie, pourtant, étaient bien de chez eux. Marius d'abord, dont le diminutif est Mius, est typiquement marseillais. Un peu trop même. Les histoires qu'on invente sur le personnage mythique qui porte ce nom véhiculent moins le souvenir du général romain qui passe pour avoir défendu la civilisation gallo-romaine contre les babares du Nord que celui d'un saint hypothétique portant le nom masculinisé de Marie *(Mario)*, la Bonne Mère. On assure que le « vrai » Marius, celui des histoires, s'appelait en réalité Marcel Clément et était né à Marseille en 1842. En 1968 (c'était bien le moment !), Charles Paolini et le poète Toursky ont mené pour la télévision une enquête sur « la dernière histoire de Marius », faite de documents filmés entre 1910 et 1914. Elle ne convainquit guère les Marseillais qui protestèrent contre ce *Midi au cœur* qui prétendait évoquer l'authentique atmosphère du Bar de la Marine. Désormais, c'est le Marius de la trilogie, ce rêveur éveillé, qui demeure en tête de cette galerie des Marseillais peints par eux-mêmes.

César porte le nom d'un autre empereur romain, comme quoi les Provençaux n'ont jamais pu répudier cette mythologie latine qui a nourri leur histoire[49]. On admirera que son interprète, Raimu, ait eu les prénoms de Jules-Auguste-César.

Mais Pagnol nous familiarise avec d'autres noms, propres au terroir marseillais. Celui de Panisse, qui désigne ici la farine de pois chiches dont on faisait encore une grande consommation en 1900. C'est le nom d'une célèbre famille phocéenne. Et s'en allant à Tarascon pour y être répétiteur, Pagnol est passé au large du château Panisse.

Escartefigue, on l'a déjà rappelé, était en particulier le nom d'un maire de Toulon. On remarquera que ce nom (que l'on pourrait grossièrement traduire par éclate-figues) est ignoré de Mistral. Et l'on oubliera sa connotation érotique, voire obscène.

> LES HISTOIRES MARSEILLAISES. — Au cœur de cette mythologie populaire marseillaise trône Marius dont les histoires ont fait le tour de France. Il semble que ces sornettes, souvent grossières, aient été l'œuvre de Méridionaux exilés à Paris sous l'Empire et qui trompèrent leur mal du pays en « tartarinant » avant Daudet des caricatures et des portraits-charge qui les consolaient des brouillards des Grands-Boulevards et de la cuisine au beurre. On n'en a pas recueilli d'authentiques. Et comment le seraient-elles ? Marius lui-même n'a peut-être jamais existé. Quant à Olive, ce fut d'abord un nom de femme, et même de sainte, dont le masculin était Olivier *(Oulivié)*. On citera tout de même le nom du célèbre imprimeur de la Canebière, Marius Olive.
> En réalité, les histoires que se racontaient les Marseillais entre eux on un sel plus fin :
> « Les plus jolies, les plus riantes sont presque toujours des pêcheurs et des marins aux prises avec les misères et les petites

joies de la vie, sous l'œil de la Bonne Mère. La vérité des cœurs simples y est toujours toute crue. Les menues comédies de la famille, de la cité et du métier en font les frais. Le rare, le charmant de ces scènes si vives, ce qui en fait la gaieté unique, c'est qu'on ne sait jamais où la plaisanterie s'arrête, où le sérieux commence ; si le conteur se moque du héros ou s'il y croit, de ceux qui l'écoutent ou de lui-même qui narre. Un des sels les plus mordants, et jamais le moindre poison de méchanceté, cet esprit est celui d'un très vieux peuple à qui l'expérience des siècles n'a rien ôté de la jeunesse et de la sève populaire. » (André Suarès, *Marsiho*, Grasset, 1933).

Quant à M. Brun, le Lyonnais, c'est-à-dire l'étranger du Nord, il porte un nom familier au terroir marseillais. Ce fut en particulier celui d'un condisciple de Pagnol au lycée Thiers prénommé Arno-Charles, qui devint effectivement vérificateur des douanes.

Albert Dubout — né à Marseille, boulevard des Dames, en 1905 (il a l'âge du Pont transbordeur), il rencontre Pagnol en 1948 et devient son ami. Il illustrera une douzaine des plus célèbres affiches de ses films, dont ceux de la Trilogie. On aurait aimé pouvoir publier ici cette série d'illustrations tout à fait conforme à l'esprit du poète.

UN GRAND PROCÈS LITTÉRAIRE

❖

JEAN GIONO

CONTRE

MARCEL PAGNOL

❖

*Jean Giono est débouté
et condamné
aux 9 dixièmes des dépens*

Au cours de plusieurs audiences, un grand procès littéraire s'est déroulé devant la 3e Chambre du Tribunal Civil de Marseille, dressant l'un contre l'autre, deux auteurs dont les œuvres sont également appréciées.

Ce fut la conclusion d'une querelle entre le romancier Jean Giono et l'auteur dramatique Marcel Pagnol.

Les deux avocats qui durent s'affronter furent Me Marius Roure pour Jean Giono. Pour Marcel Pagnol. Me René Du Chaffaut.

Comme l'indique le jugement publié ci-dessous, *in-extenso*, le romancier réclamait à Marcel Pagnol, producteur de films et auteur des dialogues de ces mêmes films, des droits d'auteur de scénariste.

Jean Giono prétendit avoir envoyé à Marcel Pagnol les scénarii des films : Regain — Jofroi — Angèle — et La Femme du Boulanger.

Marcel Pagnol prétendit n'en avoir reçu aucun. Seul, pour Regain, un essai de scénario rédigé par Giono en quelques jours à Paris, puis abandonné par lui, fut produit au procès.

Le Tribunal trouve « au moins étrange que Giono n'ait pas conservé la plus petite justification de cet envoi de scénarii par la poste, et encore plus étrange que se prétendant créancier de sommes importantes, il ait attendu six années pour en demander le paiement ».

Dans son audience du 14 octobre 1941, la 3e Chambre du Tribunal Civil de Marseille, sous la présidence de Monsieur Bruneau, déboute Jean Giono de sa demande et le condamne aux 9/10e des dépens.

LA PROVENCE INTÉRIEURE

Pagnol et Giono

L'heureuse rencontre de deux hommes et de deux mondes : Pagnol et Giono

César, la dernière pièce de la trilogie, se termine sur une scène entre Marius et Fanny qui se passe près du poste de chasse de l'oncle Émile, au milieu des broussailles et de la garrigue. C'est la fin d'une histoire. C'est le début d'une autre. En 1932, Pagnol met pied à terre et quitte définitivement la rame pour la pelle à four. Si le départ de Marius pour le grand large est un échec, les héros de Pagnol vont désormais tourner le dos à la mer et remonter vers les collines. Celles du Garlaban évidemment et celles de son enfance.

Colline est un mot magique, qu'il n'est pas le seul à employer. C'est le titre d'un premier (ou presque) roman de Jean Giono. Écrit au singulier, comme un prénom : ce qu'il deviendra. A cette époque, Pagnol découvre les livres de Giono. D'abord, *Colline* (1929), *Un de Baumugnes* (1929), *Regain* (1930). Puis *Solitude de la pitié* (1930), *Jean le Bleu* (1932), *Le serpent d'étoiles* (1933). Il en acquiert aussitôt les droits d'adaptation cinématographique.

L'univers de Giono est une révélation. Ainsi, tout là-bas, vers Manosque, le pays des plateaux, un autre poète chante ces déserts habités que lui, le petit Marcel, a connus au pied du Garlaban, mais qui maintenant sont déjà rongés par la prolifération champignonnesque des villas et des cabanons. Passé la Durance, il semble que perdurent au contraire les «vraies richesses».

Cette rencontre de deux sensibilités ressemble au contact de deux bouts de bois frottés, d'où jaillit l'étincelle qui met le feu à la poignée d'herbes sèches.

Pagnol et Giono ont le même âge, on ne le dit pas assez. Marcel est l'aîné : 28 février 1895. Jean, le cadet : 30 mars 1895. Un mois de différence. Presque des jumeaux. Et ils mourront à quatre ans d'intervalle : 1970-1974.

Puis l'affrontement de deux sensibilités : Giono contre Pagnol

Des voies parallèles, c'est-à-dire destinées à ne jamais se rencontrer, ou, quand elles se rencontrent (dans une géométrie non-euclidienne dont Pagnol avait la passion), réduites à se croiser. Leur route a la même courbe, un arc de cercle comme celui que décrit la Durance. Celle de Pagnol, depuis Marseille, remonte la vallée de l'Huveaune, vers le nord-est. Celle de Giono, à partir de Manosque, s'incurve vers la montagne de Lure. C'est un retour aux sources, dans les deux cas, l'itinéraire inversé des troupes romaines venues d'Italie par le mont Genèvre. Giono est d'origine italienne, Pagnol d'ascendance espagnole, tous les deux à chaque bout de cette voie domitienne qui relie les deux péninsules par le pont de la Provence. Comme Pagnol quitte Marseille pour les collines du Garlaban, Giono abandonne Manosque pour les plateaux du Contadour.

«Je me demande si Giono ne nous a pas indéfiniment raconté le premier voyage qu'il fit à la fin de son enfance... Il avait environ dix ans — et son père lui propose de faire un voyage tout seul, pour le sortir un peu des jupes de sa mère-poule. Il lui donne 5 francs à condition d'aller le plus loin possible et en dépensant le moins possible. Par la diligence de Vachères, il quitte Manosque le soir et arrive de nuit à Banon.... Le voilà parti, le lendemain à l'aube, pour Séderon à travers la montagne de Lure, les Omergues, la vallée du Jabron... Tous ces villages provençaux sont morts ou en train de mourir...»[50]

Pour Pagnol, c'est le bout du monde. Il ne connaît pas la Haute-Provence, lui qui n'a encore jamais dépassé Aubagne (si l'on tient pour négligeable le bref séjour à Digne). Mais, dans les récits de Giono il «reconnaît» les paysages perdus de son enfance et les noms qui chantent dans sa mémoire (les Bastides-Blanches).

Les deux poètes, éloignés pour l'instant l'un de l'autre, marchent pourtant de conserve. Tous deux s'éloignent de la mer qu'ils fuient avec un bel ensemble. «La montagne est ma mère, dit Giono, je déteste la mer. J'en ai horreur. A Manosque, je vais toujours me promener ves l'est, au tournant des collines pour voir apparaître, dans l'échancrure de la vallée de la Durance, le vaste bol d'opaline où sont entassés les énormes morceaux de sucre des Alpes.»[51]

Pour Pagnol, ce sein maternel, gonflé de chair laiteuse, c'est évidemment le Garlaban.

Surtout, ils refusent l'un comme l'autre la Côte d'Azur, ce pourrissoir prostitutionnel. Le littoral explorable s'arrête à Toulon.

Ils ont donc, dans le même pays, le même champ d'investigation. Tout de même, quelque chose les oppose.

> Peut-on, sans tomber dans l'extrapolation, faire remarquer que Pagnol est né sous le signe des Poissons, Giono sous celui du Bélier? L'un naît de la mer, ou d'un littoral, l'autre de la montagne. Signe d'eau, signe de terre. Rencontre entre le poisson et le mouton, entre le pêcheur et le chasseur. Mais où? sinon à ce point idéal où l'aviron se fait pelle, encore. Et rencontre méfiante, voire agressive? «Un Poissons et un Bélier ne présentent aucun point commun et peuvent difficilement s'entendre. Mais ce que l'un peut pressentir, l'autre peut le réaliser.» (André Barbault, *Traité pratique d'astrologie.*)

Un mouvement inverse qui se dessine et se confortera. Plus tard, alors que Pagnol monte de la ville vers la montagne, Giono descend de la montagne vers la ville. Alors s'équilibreront le Marseille de Pagnol vu par Giono et les collines de Giono vues par Pagnol.

«Pour les gens de Manosque, Marseille est une ville de rêve. Ils conjuguent pendant toute leur vie le verbe *aller à Marseille*, à tous les temps et à toutes les personnes. Cela est également valable pour les kilomètres carrés qui entourent Manosque, jusque là-haut, à Banon, dans les solitudes... jusqu'à Sisteron... Sur tout le territoire, il n'y a pas un seul ménage qui n'ait passé sa première nuit de noce à Marseille. A l'aide d'autocars, de trains et de michelines... il se fait un gros trafic de luxurieux, de gourmands, d'envieux, de cupides, d'ambitieux, de paresseux, de violents, d'hérétiques, de séducteurs, augures, simoniaques, sorciers, imposteurs, hypocrites, voleurs, fornicateurs et adultères de tous genres, entre les collines de bronze et Marseille...

«On croit que dans les montagnes de rochers blancs qui entourent Marseille, il y a des joueurs de cystes, cymbales et tympanons qui, sur leurs instruments irritants, chantent des messes d'ossements et de cendres, et que c'est l'écho de cette musique qui retentit dans tout le pays environnant et crée des mirages.»[52]

Ce texte est essentiel parce que (bien qu'écrit beaucoup plus tard, en 1947) il détermine l'espace imaginaire dans lequel Pagnol va déployer le panorama de ses propres œuvres, consacrées à une Provence qui, au départ, n'est pas la sienne, mais qu'il devine comme représentative de celle qu'il désire (comme on désire une femme) et qui semble alors appartenir à un autre.

Cette vision de Marseille, ville dorée, dont rêvent les habitants du haut pays, devient l'un des pôles de ce trajet que vont désormais parcourir les deux poètes, à la rencontre l'un de l'autre : l'incessant va-et-vient sentimental entre la ville et la campagne (la campagne et la ville) et qui va *balader* (comme ces voyageurs secoués de la diligence) les personnages interchangeables, ceux des récits de Giono et ceux des films de Pagnol. Échange entre le désert des plateaux et les lumières de la ville — c'est-à-dire entre la pureté et l'innocence (supposés) des gens d'en bas. Le séducteur de filles viendra de Marseille pour engrosser Angèle ou de Salon pour compromettre Patricia, la fille du puisatier.

En revanche, ce sera le berger des collines qui ravira la femme du boulanger.

On reviendra sur cette rencontre de Pagnol et de Giono. Pour l'instant (1930), ce qui séduit le premier, c'est tout à la fois l'atmosphère des récits du second et le ton qu'il leur donne. Style simple (mais écriture difficile) et percutant. D'une rare économie de mots, toujours essentiels, efficaces. Un parler vrai dans des situations réelles. Giono met en scène des personnages de haut relief, tels que les campe Pagnol lui-même. Et puis le poète de Manosque a des talents de peintre, il fait voir, ses paysages sont exacts, minutieux, exemplaires. Ces premiers récits, que Pagnol relit plusieurs fois, rien de plus facile que de les porter à l'écran, puisqu'il a décidé de faire du cinéma.

Jofroi

Pagnol choisit d'abord une des nouvelles tirées de *Solitude de la pitié*, intitulée *Jofroi de la Maussan*, l'histoire de ce vieux paysan qui accepte de vendre son verger mais pas les arbres qui y poussent et qu'il a lui-même plantés. Têtu comme un âne noir, il ira jusqu'à se tuer pour leur sauver la vie. Et l'acheteur, autre paysan du cru, Fonse, laissera à quelques-uns de ces arbres la chance de survie qu'il n'a pas accordée à Jofroi.

Dans cette première œuvre consacrée à la Provence intérieure, Pagnol (après Giono) introduit le tragique. La mort de Jofroi, bien qu'elle donne

lieu à d'interminables plaisanteries tant elle est et tant qu'elle est retar-
dée, est moins heureuse — si l'on peut dire — que celle de Panisse dans
César. Jofroi qui prétend se suicider meurt d'une attaque. Il obtient ce
qu'il disait chercher. Ce n'est pas un suicide. Pas vraiment. Mais apparaît ici un des caractères de la Provence noire, dure, de la Provence grecque qui est déjà celle de Giono et pas encore celle de Pagnol.

En ce haut pays de moissons solaires, la mort fauche à tour de bras.
La mort donnée, reçue ou choisie. Nombreux sont ces hommes usés qui
mettent fin à leurs jours, avec une simplicité et une pudeur qui désar-
ment les conseilleurs et les moralisateurs. Plus d'un, au cours d'une partie de cartes, au café, repousse sa chaise, prend son chapeau, salue la
compagnie et déclare tranquillement : «Je vais me supprimer», comme
s'il disait «je vais souper». Il y a alors comme un silence complice et un
acquiescement muet, compréhensif. On ne se mêle pas des affaires des
autres. Cette mort fait partie de la vie.

Marie Mauron raconte quelque part l'histoire de ce pâtre de Saint-
Rémy qui, chez l'armurier, *marchande* le pistolet avec lequel il va se faire
sauter la cervelle.

C'est Vincent Scotto qui, chargé de faire la musique du film, se propose pour le rôle de Jofroi. Né à Marseille, quai de Rive-Neuve, en 1876,
il avait joué, à 14 ans, le Pistachié dans la crèche de Saint-Victor. A 20
ans, avec sa femme Margot, il avait fait son voyage de noces à bord du
ferry-boat ! C'est assez pour convaincre Pagnol, bien que Scotto n'ait
rien des paysans des hautes terres : il est sublime.

A ses côtés, apparaissent de nouveaux interprètes qui vont grossir «le
petit monde de Pagnol». Henri Poupon (c'est son vrai nom) était né à
Marseille en 1884. Acteur «dramatique», il avait été présenté à Pagnol
par Scotto. Assez à l'aise, il vivait et dépensait ses sous à Bandol (où résidait également Raimu) et, pistachier adulte, refusait de tourner en été
parce que c'était le temps des shorts féminins. Il était ainsi le seul de
la bande à ne pas mépriser la Côte et ses plaisirs fugaces.

Marcel Pagnol, Gaston Defferre et Tino Rossi inaugurent le buste de Vincent Scotto (Marseille, place aux Huiles)

Vincent Scotto (dessin à la plume de Louis Müller, "Ave Maria", Vieux-Port, 8 nov. 1940)

Henri Poupon

Le vieux Montsalier

78

C'est lui qui à son tour avait amené Charles Blavette, modeste fabricant de caisses de conserves au quartier de Castellane à Marseille. Il voulait «jouer». Pagnol lui donna un bout d'essai et deux mots à dire. Mais quand Blavette apparut devant lui avec son foulard noué autour du cou et sa petite moustache, il faisait plus marseillais que nature et Pagnol lui confia le rôle de Tonin. On sait qu'il est aussi l'étonnant héros de *Toni*, le film que Renoir tourne en 1930 aux Martigues. On le retrouvera dans la plupart des films de Pagnol.

Le récit de Giono se passe du côté de Riez. Pagnol installa ses décors naturels dans ses propres collines entre les villages de la Treille et d'Eoures. C'était une petite révolution dans l'histoire du cinéma.

Angèle

Giono avait publié *Un de Baumugnes* en 1929. Cinq ans plus tard, Pagnol décide de tourner un film à partir de cette longue nouvelle (ou de ce court roman). Fidèle à son souci de réduire ses titres au plus simple, un nom, un prénom, il l'appelle *Angèle*, donnant ainsi le privilège à l'héroïne quand Giono mettait en vedette Albin, l'habitant de Baumugnes.

Baumugnes, à vrai dire, on n'y habite pas. On y survit. On s'y terre comme un renard. Baumugnes se trouve quelque part au-dessus de Peyruis, au-dessus de la Durance, dans les Basses-Alpes (qui ne prétendent pas encore être les Alpes-de-Haute-Provence). C'est le pays des muets, «le pays où l'on ne parle pas comme les hommes».

Il faut ici confronter le texte que Pagnol a récrit pour son film à celui, original, de Giono. Il suit au plus près, il copie presque. Mais ce n'est pas un démarquage; c'est un écho fidèle à une œuvre si bien faite qu'il n'y faut pas toucher. Le scénario (publié seulement en 1970) est présenté comme une pièce de théâtre dont on aurait omis de préciser le découpage en scènes et en actes. A part cela, c'est bien Giono qui parle par la bouche de Pagnol.

Banon (vue générale)

«Si tu arrivais sur le rebord de Baumugnes (...) ce serait dix maisons et le poids silencieux de la forêt.

Et puis ce serait aussi, suivant l'heure, des musiques d'harmonicas (...) Je vais te dire pourquoi ; ça vient de loin. Nous, on a été, d'abord, dans le temps, de ces gens qui n'ont pas cru à la religion de tous ; et, pour ça, à ceux de cette époque qui ont été les grands-pères de nos grands-pères, à ceux-là donc on leur a coupé la langue pour qu'ils ne puissent plus chanter le cantique. Et après, d'un coup de pied dans le cul, on les a jetés sur les routes, sans maisons, sans rien.

Alors ils ont monté, comme ça, dans la montagne ; les hommes, les femmes, tous ; ils ont monté et ils ont monté beaucoup plus haut que jamais ceux qui avaient coupé leurs langues auraient cru. Beaucoup plus haut parce qu'ils n'avaient plus d'espoir pour peser sur leurs épaules et ils sont arrivés sur cette petite estrade de roche, au bord des profondeurs bleues, tout contre la joue du ciel, et il y avait là encore un peu de terre à herbe, et ils ont fait Baumugnes.

De parler avec leurs moignons dans la bouche, ça faisait l'effet d'un cri de bêtes et ça les gênait de ressembler aux bêtes par le hurlement (...) Alors ils ont inventé de s'appeler avec des harmonicas qu'ils enfonçaient profond dans la bouche pour pouvoir jouer avec le bout de langue qui leur restait.

Et ainsi ils faisaient pour appeler les ménagères, les petits, les poules ou la vache ; et tout cela avait l'habitude et comprenait.

Le dimanche, ils se réunissaient sous le grand cèdre. Le plus ancien faisait le prêche à l'harmonica et on entendait ce qu'il voulait dire comme s'il avait eu sa lange d'avant, et ça tirait les larmes des yeux (...)

Enfin, par la pitié des choses, il est né des petits qui avaient la langue entière.

Maintenant, nous, on a gardé l'habitude. Nous avons tous notre musique de fer. Pour la fête (...) nous faisons tous sonner notre ''monica'' (...) et de cette façon on se parle encore l'ancienne langue des brûleurs de loups.»[53]

(Giono, *Un de Baumugnes*)

«Albin. — (Baumugnes) c'est pas grand... C'est dix maisons peut-être et la forêt... Ils ne sont pas cinquante ; mais ils savent tous jouer de l'harmonica.

Amédée. — Est-ce que c'est une mode ?

Albin. — Non, ce n'est pas une mode, ça vient de loin... C'est les anciens, les pères de nos grands-pères (...) Ils étaient protestants, tu comprends. Alors les autres leur ont coupé la langue pour qu'ils ne puissent plus chanter le cantique. Et après, d'un coup de pied au cul, on les a jetés sur les routes, sans maison, sans rien (...) Et alors, eux, ils ont monté dans la montagne, tout droit devant eux... Et ils sont arrivés contre le ciel, et comme il y avait encore un peu de terre, ils ont fait Baumugnes. Seulement, ils ne pouvaient pas parler. Alors ils ont inventé de s'appeler avec des harmonicas... (...) A ce qu'il paraît qu'ils pouvaient tout dire. Ils s'enfonçaient l'harmonica profond dans la bouche pour jouer avec le petit bout de langue qui leur restait... Et ils appelaient la ménagère, les petits, les poules, la vache... Et tout cela

avait l'habitude et comprenait...
Enfin, plus tard, il est né des petits
qui avaient une langue entière...

Mais quand même, nous, on a
gardé l'habitude...»[54]

(Pagnol, *Angèle*)

Baumugnes est un nom de village inventé (comme tant d'autres) (et comme fera Pagnol) par Giono. Mais il le nourrit de racines bien provençales : *bau*, le roc, et *mougno*, le moignon.

De ce village fantôme descend Albin qui, traversant la Durance, à gué, rôde autour de la ferme de la Douloire qu'habitent Clarius Barbaroux et sa femme, Philomène. Et leur fille, Angèle, qui s'étant laissé séduire par un gandin de Marseille est quasiment séquestrée avec le fruit de sa faute.

Mais au récit de Giono, clos comme la Douloire, fermé comme la chambre secrète où Angèle est abandonnée au silence et à la honte, Pagnol propose une ouverture qui doit éclairer (le spectateur) sur ce jeu de miroirs qui renvoie encore de la pureté campagnarde à la corruption citadine. Cette fois, Angèle, séduite par Louis, se laisse entraîner à Marseille où ce petit maquereau la prostitue. Saturnin, le brave valet de ferme de la Douloire, la retrouve et la ramène. Elle restera cloîtrée avec son enfant jusqu'à ce qu'Albin l'enlève pour la bonne cause. Mais au moment de s'enfuir avec elle et le petit, il renonce à son projet, revient à la ferme et convainc le père Barbaroux de l'accepter pour gendre.

Ainsi Pagnol introduit-il dans le récit de Giono une séquence consacrée aux dessous pas très propres de Marseille, la chambre close de la prostitution publique qu'Angèle ne quitte que pour la chambre close de la honte familiale.

Si l'écriture cinématographique de Pagnol est à la hauteur du récit littéraire de Giono, elle profite beaucoup, cette fois encore, du jeu des interprètes. Aux «caractères» chers à Giono, ils ajoutent des visages que l'on n'oubliera pas.

Angèle est encore Orane Demazis (dont Pagnol est épris) en laquelle on reconnaît Fanny dont elle est un nouvel avatar. On retrouve Delmont (Amédée), Blavette (le rémouleur Tonin), Poupon (le père Barbaroux).

Les Omergues

13 — LES OMERGUES (B.-A.) — Vue générale

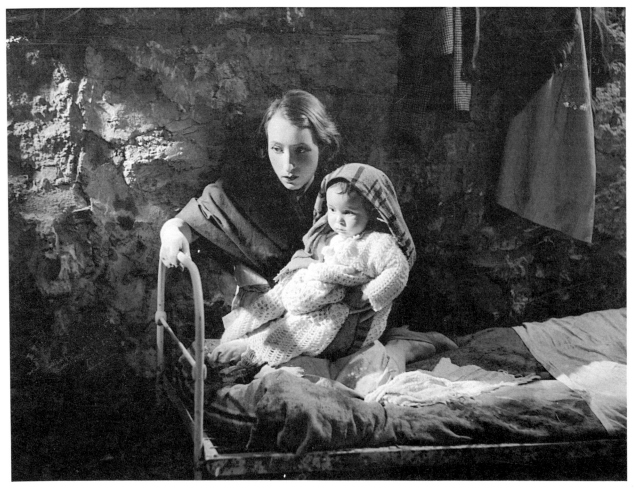

On y découvre Andrex (le mauvais garçon). De son vrai nom André Jaubert, il est né à Marseille en 1907, au quartier de la plaine Saint-Michel. Chanteur fantaisiste d'abord il affine ici son rôle de petite gouape, bellâtre et souriante, que l'on ne parvient pas à trouver antipathique.

Orane Demazis dans Angèle

Et surtout Fernandel (Saturnin), ex-comique troupier qui, après avoir fait pleurer de rire le public des music-halls, fait pleurer tout court en incarnant ce valet de ferme un peu «niaï» mais au grand cœur, ce *ravi* très malin, ce *fada* qui comprend et dénoue la situation embrouillée. Son rôle est essentiel dans la mythologie provençale illustrée par Pagnol. Celui de l'innocent qui, dans chaque village, sert à la fois de bouc émissaire et d'ange gardien. Par sa naïveté même, il représente la bonne providence. Et par son sourire béat il calme toutes les colères, réconcilie tous les adversaires. Messager muet de la conscience collective, il est l'instrument du bon sens.

Innocent, Fernandel l'est encore quand il tourne *Angèle*. Il ne sait pas qu'il a un si grand talent et que ce rôle va le faire grand acteur.

C'est encore aux abords de La Treille que Pagnol tourne son film. Il fait construire la Douloire, la ferme des Barbaroux, au fond du vallon de Marcellin, sous les Barres du Saint-Esprit, dans un assourdissant concert de cigales qui empêche souvent la prise de son. Pagnol a confié la construction de la bastide à Marius Brouquier, maçon de son état à La Treille. Il s'agit de conforter un bastidon existant mais délabré et d'y ajouter trois bâtiments, une écurie, un hangar et la chambre secrète d'Angèle. Mius, pour les intimes, a assez de talent pour la faire ressembler à ces bastides de la Provence intérieure, différentes dans leur architecture populaire, des constructions de la région marseillaise.

Mais il faut de l'eau. Les sources du Garbalan ne suffisent à abreuver ni le mortier ni les ouvriers. Pagnol fait venir un sourcier, l'abbé Cuque, de Carry-le-Rouet[55], qui, avec sa baguette de coudrier, décèle le précieux liquide au Gour de Roubaud, au pied de Ruissatel. «Une source grosse comme le pouce coule en cet endroit précis. Vous trouvez l'eau entre 3 et 4 mètres.» Le curé sourcier avait raison. Le puits creusé, l'eau jaillit à 3,80 mètres. Les premiers litres servent à voiler les pastis mérités. L'abbé est applaudi et Pagnol ajoute à sa collection de santons la figure exemplaire du puisatier.

Cigalon

A La Treille, que décidément il investit, Pagnol tourne en 1935 un nouveau film, *Cigalon*, comédie sans prétention comme une bonne histoire qu'on raconte à la veillée. Elle est de lui, cette fois. Cigalon possède là, à La Treille, un café-restaurant, agrémenté d'une terrasse où les clients jouissent d'une vue «imprenable». C'est d'ailleurs leur seule jouissance : le patron raconte ses recettes succulentes, mais les touristes affamés doivent se contenter de renifler le fumet des pieds paquets que le patron confectionne pour sa seule délectation. S'il a ouvert un restaurant, c'est pour manger, pas pour faire manger les autres. Pendant des années, il a nourri ses clients, réduits à manger debout les restes et les surplus. Aujourd'hui, il ne fait plus de cuisine que pour lui-même.

Aux clients «estomaqués», il vante sa collection de conserves qu'il entasse depuis si longtemps sur ses étagères que, rouillées et gonflées, les boîtes finissent par exploser, éparpillant sur les murs des flaques sanglantes de coulis de tomates et des corps morcelés de langoustes rutilantes.

Ces crustacés volants ont une origine bien précise. Du temps qu'il écrivait *Marius* —, à Paris —, Pagnol se montrait d'une telle paresse que ses amis, Marcel Achard, Henri Jeanson, Stève Passeur, l'enfermaient à clef dans une chambre et le nourrissaient exclusivement de conserves, notamment de bisque de homards. Il en conçut une telle aversion qu'il n'accepta plus d'invitation à dîner chez des particuliers si ceux-ci ne juraient pas de lui éviter ces décapodes en purée.

En fait, Pagnol a voulu se moquer gentiment de ces cafés de campagne qui n'ont de café que le nom, pas même un comptoir, juste trois chaises et une table et que l'on reconnaît à l'écriteau : on peut apporter son manger. Une autorisation qui mettait en fureur les promeneurs harassés et les chasseurs paresseux partis à l'aventure sans leur biasse.

Cigalon n'est plus mais le restaurant existe encore, au bout de l'esplanade qui surplombe le vallon. On y sert désormais un menu à la carte.

La première version de 1935 réunissait les noms d'Arnaudy, de Poupon, de Madame Chabert, d'Alida Rouffe. En 1975, Georges Folgoas a re-tourné *Cigalon* avec deux authentiques Méridionaux, Michel Galabru et Andréa Ferréol. Mais celle-ci a malheureusement refusé d'y reprendre son accent maternel.

Regain

En 1937, Pagnol se tourne de nouveau vers la Provence de Giono. Il décide de tirer un film de *Jean le Bleu*, dont il a les droits. Giono n'est pas du tout emballé. Il a été profondément déçu par la version cinématographique d'*Angèle* : « J'ai été frappé comme d'un coup de bâton, en pleine figure. » Il déclare à qui veut l'entendre qu'il n'a jamais collaboré à « ça ». Il attend avec anxiété cette nouvelle « mise en boîte » de son chef-d'œuvre. Ce sera *Regain*.

Pagnol, lui, a été fort satisfait du succès d'*Angèle,* non seulement auprès du public mais auprès des critiques. La renommée l'a honoré d'un coup de trompette. Il faut battre le fer pendant qu'il est chaud.

D'autant que les événements donnent raison au propos de Giono. Peu après la publication de *Jean le Bleu,* il y a eu le Front populaire, les congés payés, l'arrivée au bord de la mer des ouvriers troquant la salopette pour le pantalon à manches courtes (comme disent les Provençaux en voyant les premiers shorts). Il y a aussi la découverte des hauts plateaux et des vraies richesses, la fraternité du Contadour, le mythe du retour à la terre et la vogue des auberges de jeunesse.

La Provence intérieure se voyait envahie non plus de chasseurs marseillais vêtus comme des Tartarins ou de ramasseurs de champignons armés de râteaux, mais de Parisiens à moitié nus qui « campaient » et couchaient à la belle étoile dans des conditions dont n'auraient pas voulu les bergers de la montagne de Lure. La France entière se persuadait que l'arrière-pays provençal était désert et tous les villages abandonnés (pas encore à vendre). Chaque vacancier se découvrait une âme de défricheur et de rebâtisseur. Et n'avait pour bible que le livre de Giono, promu malgré lui au rang de gourou.

Pagnol ne pouvait être insensible à ce phénomène social, lui qui, secrètement, ne songeait qu'à fuir les honneurs et les succès parisiens qui le saoulaient comme du champagne de fête foraine.

Fidèle à ce mouvement ascensionnel qui caractérise les œuvres croisées de Giono et de Pagnol, *Regain* s'ouvre sur une route de montagne que, dans un grand paysage d'hiver, grimpe péniblement une diligence cahotante. Moyen de transport irremplaçable, mais aussi lieu privilégié

De Manosque, la diligence est déjà partie (à droite) vers la haute Provence

des rencontres, l'omnibus hippomobile réunit en lui, enserre dans ses flancs les personnages de la comédie humaine, voyageurs de l'impériale ou obligés de pousser dans les côtes, en tout cas condamnés à la promiscuité dans un pays où l'on se tient prudemment à l'écart du voisin. La diligence est comme une crèche en marche avec ses santons : le cocher, la mercière, le percepteur, l'oncle Joseph... Elle est le lieu clos des passions révélées ou confrontées, racontées ou camouflées — comme le fiacre abrite encore à cette époque les amours adultères d'un flaubertinage attardé.

Cette diligence, dans le livre, dans le film, va de Manosque à Banon, à travers l'un des plus beaux paysages de la Provence. Comme la route, elle longe la montagne et passe au large du village perché, abandonné, désormais inaccessible. «Le facteur n'y va même plus... il n'y a pas un mètre de labouré depuis dix ans... il y a des arbres dans les maisons et ça s'écroule de tous côtés... Ça n'est pas mort tout à fait, mais ça ne tardera guère...»

Effectivement, «ça» ressemble à un foyer de cheminée éteint. Cendres et tisons refroidis. Et pourtant, si on gratte un peu, il reste de la braise, encore rouge, encore tiède; il y a des êtres vivants. Deux ou trois. Presque des fantômes.

C'est Aubignane. Le nom est inventé. Ou plutôt reconstitué. C'est presque celui d'Aubagne prolongé. Et celui d'Aubignan dans le Comtat, de l'autre côté du Ventoux, un peu celui d'Aubignosc en pays de Forcalquier. Il a pour racine cette blancheur, *alba* (celle d'Aubagne et du Gar-Alban), qui est ici celle des ossements épars au soleil, cadavres de maisons qui n'attendent que d'être linceuls des cadavres d'hommes et se fondent dans le bloc de calcaire à vif.

Pagnol et Marius Brouquier, le maçon constructeur d'Aubignane

Aubignane est quelque part entre Manosque et Banon, nous dit la diligence. Alors sur la carte qui figure la réalité on trouve Redortiers qui lui ressemble «aussi terrible à voir qu'un visage mangé par les renards»[56]. Mais ce peut être aussi Montsalier (qu'on appelle aujourd'hui le Vieux-Montsalier — parce que les villages comme les hommes ont un troisième âge), un peu plus loin dans la montagne. Des villages qui resteront abandonnés jusque dans les années 1960. En les découvrant, les marcheurs du Contadour chantonnaient les vers de mirlitons de Cadet Rousselle... *Trois maisons qui n'ont ni poutre ni chevrons* sans savoir probablement qu'on les doit à un poète du cru, le chevalier Jean Aude, né à Apt en 1755, et qui a de son temps déjà visité ces chicots. En 1958, la dernière cloche de l'église a été volée par un médecin marseillais, collectionneur de curiosités.

Au temps de *Regain*, l'église était déjà crevée comme un vieux tambour. C'était là que vivait la Mamèche (Marguerite Moreno), «une vieille cavale toute noire» qui avait été *la femme du puisatier*, un Piémontais qui s'était mis dans l'idée qu'on pouvait là creuser un puits. A 15 mètres, il l'avait trouvée, l'eau !... mais aussi la mort.

Chant de la terre, chant de la mère, de l'épouse : «Tu le savais que mon homme est là au fond de votre terre, qu'il est allé là-bas dans le fond vous téter l'eau avec la bouche jusqu'à la veine des sources. Pour faire boire, pour les chèvres, pour la soupe. Alors, à quoi il a servi, mon homme, mort dans votre porc de pays ? A quoi il a servi d'aller chercher l'eau ? Quand ils l'ont eu bien fait mourir, ils se sont mis à partir, les

Fernandel, *Gédémus le rémouleur*

Fernandel et Orane Demazis dans Regain

Marguerite Moreno (la Mamèche) et Henri Poupon (Panturle) dans Regain

uns après les autres, comme des cochons qui vont aux glands...»

C'est vrai qu'ils sont partis. Et qu'ils partent encore comme Gaubert, le fabricant de charrues, qui se retire chez son fils, en ville, là où toutes les maisons ont des vitres et dans lesquelles on a du mal à respirer.

Il ne reste que Panturle, la brute intelligente et sensible, qui s'accroche avec l'obstination du désespoir. Se nourrissant du lait de sa chèvre, d'amandes et d'olives, de pommes de terre qu'il troque contre ses peaux de lapins et, luxe dont il se passerait bien, de lièvres à la broche qu'il a pris au collet. Mais il n'y a pas assez d'eau pour faire la soupe. Et surtout pas de pain! Manger sans pain lui semble sacrilège. Le pain, c'est la vraie nourriture, qu'on accompagne (accompagner, étymologiquement, de compagnon, celui avec qui on partage le pain, le copain) ordinairement d'autre chose, ce qu'on appelle en Provence la pitance *(pitanço),* fût-ce un oignon, une gousse d'ail, un morceau de fromage. L'oignon tout seul, c'est du gâchis. Ça fait manger du pain, pas le contraire. Après l'eau, dans la mythologie de Pagnol, le pain (et comment ne pas remarquer que son nom est bien proche de ce mot?) joue un rôle essentiel.

Il n'y a pas si longtemps — les années 60 toujours — il restait encore là-haut des paysans si pauvres qu'ils se retrouvaient au temps de Noël avec deux ou trois kilos de truffes sur la table — à s'en dégoûter — mais sans un œuf, sans une patate, sans un ragoût auquel elles auraient donné du parfum et qu'ils devaient manger comme ça, sans pain, parce qu'ils n'avaient pas les moyens d'aller les vendre en ville.

Autre détail — si important pourtant —, la serviette trouvée, moisie, dans le tiroir d'une table d'une salle d'une maison vide. En ce temps-là, encore, on trouvait, au bout de chemins dévorés de broussailles, des bastides abandonnées, creuses comme des noix véreuses, avec au mur les portraits sages des parents, dans le lit les derniers draps froissés, dans les meubles les couverts en étain. Les vieux partis, dans cette Provence qui s'est vidée d'un coup, les fils ne sont pas revenus.

Sur ce drame collectif se greffe l'histoire de *Regain.* Par la route s'en vient le rémouleur (le Destin) qui a nom Gédémus (Fernandel), qui pousse sa bricole que traîne Arsule (Orane Demazis). Il a recueilli cette belle fille, pauvre, chanteuse de café-concert qui se produisait au Café Oriental de Manosque avec l'illustre Tony qui l'exploite et la bat, puis l'abandonne. Pagnol la fait violer par tous les charbonniers de Gardarin. Ceux-là sont les hommes des bois, des satyres évidemment, qui descendent en ville comme des bûcherons canadiens après six mois d'hivernage.

Avec Arsule, Panturle trouvera l'amour. Et avec l'amour, le blé, le pain, la renaissance d'Aubignane, le regain... c'est-à-dire à la fois la résurrection et l'herbe qui repousse après la première coupe. Mais *rega*, en provençal, signifie d'abord tracer une raie, un sillon, labourer...

Panturle — dans le film de Pagnol — donne le nom de Passe-Temps au vallon où il fait pousser son blé. C'est un hommage au paysage de l'enfance. Mais il n'était pas question de tourner sur ces hauts plateaux solitaires, sur cet éperon de rocher désert. Encore une fois, Pagnol choisit la colline d'Eoures pour y faire construire les fausses ruines d'Aubignane. Marius Brouquier, le maçon de La Treille, y fait merveille.

La ferme d'Angèle et la maison de Panturle sous les Barres du Saint-Esprit

La boulangerie d'Aubignane, le village fantôme des ruines inventées

Simiane-la-Rotonde

Giono lui-même, réconcilié pour un temps, admira le travail. « La ferme de Marcellin, où Marcel Pagnol avait tourné *Angèle*, est dans le vallon, au pied de la colline. Elle fut aménagée par les ouvriers et les artisans du pays. Car grâce à l'amour de Pagnol pour le vrai pays inaccessible de *Regain*, ce qui ne pouvait être ici que la construction d'un décor est devenu une entreprise de construction de village... Il s'agissait de construire des ruines. A mesure que le mur s'établissait entre les mains des maçons, il vieillissait... On était parti des principes premiers. On avait cherché l'emplacement du puits, on le creusait. Non pas en trompe-l'œil mais pour trouver de l'eau. Les mines sautaient pour arracher les assises des roches compactes qui séparaient les puisatiers de cette argile bleue sur laquelle repose d'ordinaire la première chevelure des sources... »

On n'avait jamais vu ça dans le pays. Un village tout neuf surgissant tout vieux du néant des collines. Comme si l'histoire remontait le cours du temps. L'envers des choses (« j'entrais dans l'avenir à reculons » avait dit Pagnol dans le tramway quittant La Treille pour Marseille). Les bergers du Garlaban descendaient pour voir le miracle. Une église en ruines qu'ils n'avaient jamais connue. Des murs s'écroulant avant qu'on ait finit des les bâtir...

Longtemps après, les ruines résistèrent aux assauts des intempéries et des visiteurs. Puis, quand même, elles se mirent à vieillir normalement et moururent de leur belle mort. Ne resta que la maison de Panturle qu'on voit encore au pied des Barres, au-delà des restes de la ferme d'Angèle.

Mais on dit qu'un temps le village fabriqué dérouta les avions et qu'il fallut l'indiquer sur la carte ! Aubignane a donc existé réellement. On en conserve les preuves photographiques, le puits couvert de pierre sèche, en forme de borie, la boulangerie avec son enseigne...

Quant aux personnages qui l'ont habité, ils gardent pour nous les visages inoubliables de Gabriel Gabrio, Fernandel, Orane Demazis, Marguerite Moreno, Blavette, Delmont, Poupon, Milly Mathis, Dullac, Mme Chabert... la belle équipe ! S'ils sont si nombreux, c'est que Pagnol a voulu tourner des scènes (et parmi les plus émouvantes) à la ville, à la foire, celle de Manosque semble-t-il, où en contre-bas, en contre-point du village squelettique, apparaît une autre Provence, vivante, pittoresque, brave et colorée. La Provence des marchés, théâtre aux cent comédies

où loin du pays des muets le bagout se donne libre cours, où le bazar s'appelle *Au Gaspilleur*, où tout est possible, le bien et le mal. Lieu d'exorcisme de la faim, de la misère, de la solitude où se réfugient ceux qui n'ont plus la force, comme Gaubert le forgeron, d'assumer la frugalité des hauts plateaux. Les lumières de la ville.

La femme du boulanger

De *Jean le Bleu*, Pagnol, un an plus tard, tire encore une histoire, celle de *La femme du boulanger*. En fait, il avait commencé d'écrire lui-même un scénario original, *Le boulanger Amable*[57]. Le conte se passe «dans un petit village des collines». Le boulanger est célibataire. Alors il boit. Il boit tant que son pain prend le goût de l'anis, et même plus de goût du tout. Et enfin il n'y a plus de pain. C'est la catastrophe pour les habitants qui ne vont tout de même pas aller chercher leur pain ailleurs, le «pain des autres». Ils décident de le guérir en lui faisant absorber un élixir anti-alcoolique. Ils chargent la servante de l'auberge de le lui faire avaler en lui faisant croire que c'est un nouvel apéritif. Il en est malade. Elle le soigne à l'*aigo-boulido* «qui est une sorte de tisane faite avec deux gousses d'ail bouillies dans de l'eau salée». Si bien qu'il en guérit, de sa colique et de son ivrognerie. Et puis épouse la servante.

La femme du boulanger *(affiche du film)*

On imagine Raimu dans ce rôle de pochard sauvé par l'amour. Histoire simple, mais pas plus que les précédentes, et dont les protagonistes
étaient tout trouvés, le curé, l'instituteur, le capitaine. Et ce décor
immuable, la place du village.

Mais la nouvelle de Giono, que relit Pagnol, avait une autre dimen-
sion. Le héros n'était pas un ivrogne mais «un pauvre homme habité
par un grand amour et qui ne faisait plus de pain parce que sa femme
était partie. La quête de la belle boulangère par tous les hommes du village, c'était une Iliade rustique, un poème à la fois homérique et
virgilien».[58]

Le premier récit de Pagnol se passait près d'Aubagne. Il situe la nouvelle action du côté de Volx, au pays d'Angèle, en Provence de Giono.

Pour parfaire l'atmosphère psychologique de son film, il commence
par opposer les couples célèbres : l'instituteur (Bassac) et le curé (Vattier) qui se disputent, les paysans Barnabé (Maupi) et Antonin (Blavette)
qui s'invectivent parce que les arbres de l'un font de l'ombre à l'autre.
Et puis il distribue sur la place — cet éternel forum où se confrontent
aussi l'églie, le café, le cercle, les boutiques, le monument aux morts et
le jeu de boules — les nouveaux santons de sa crèche.

La femme du boulanger : *de
g. à dr. Maupi, Delmont,
Raimu, Blavette...*

Il y a Maillefer (Delmont), sa canne à pêche sur l'épaule, il y a Pétugue
et ce vieux Papet sourd et quasi gâteux. Arsène le boucher avec son fusil
à couteaux, Céleste (Alida Rouffe) la bonne du curé, Miette la bonne
grosse paysanne, Angèle qui fait chanter les enfants à l'église, la vieille
Fine et sa barbe grise... Il y a le nouveau boulanger, Aimable Castanier
(Raimu) qui vient de Manosque et qui a une bien jolie femme, Aurélie
(Ginette Leclerc). Et puis l'éternel hobereau (Charpin) qui prend sa bastide pour un château et ses concitoyens pour ses serviteurs sans se dépar-
tir d'une souriante bonhomie paternaliste et condescendante. Et son berger
(Charles Moulin), beau et fruste, celui-là n'a rien du pâtre familier de
Giono, contemplateur d'étoiles qui incarne l'homme libre, le célibataire,
le silencieux, le taciturne, amoureux platonique de la fille de ses maîtres

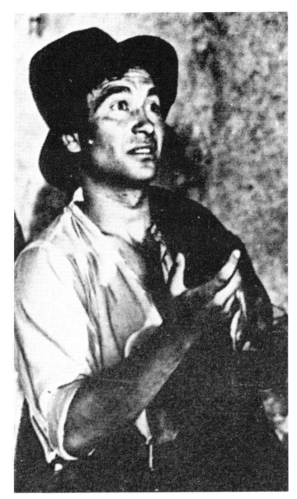

Charles Moulin, le berger

Raimu et Ginette Leclerc, la femme du boulanger

et joueur de pipeau. Celui de Pagnol, Dominique (mais il reste curieusement anonyme), ressemble plutôt à ces gardians de Camargue, *bergié de biòu*, qui dans les épopées de Mistral ou d'Aubanel sèment la zizanie dans les mariages arlésiens. Effectivement, c'est dans les îles de la Durance et une cabane de *siagne* (roseaux) qu'il emporte la boulangère consentante. On a toujours, en Provence, suspecté l'homme des marais qui vit dans un univers incertain de terres et d'eau mêlées, repaire de la bête sauvage et des tarasques, propre aux fièvres et aux miasmes, territoire incontrôlé des rebelles, des bandits et des pêcheurs de lune.

On sait l'histoire par cœur, c'est-à-dire avec la mémoire du cœur. On ne retiendra ici que le thème du pain, essentiel comme celui de l'eau et déjà abordé dans *Regain*. Sans boulanger, un village meurt. On regrettera moins la disparition de l'école. Le boulanger est l'artisan de la survie de la communauté. Ses malheurs conjugaux feraient rire s'ils étaient ceux du boucher ou de l'épicier, facilement remplacés par le forain. S'il est cocu, c'est tout le bourg qui l'est avec lui[59].

Pour le tournage des extérieurs du village inventé de Sainte-Cécile (à cause des vignes du seigneur, sans doute), Pagnol fut cette fois infidèle aux collines du Garlaban. C'est au Castellet, près de Beausset dans le Var, qu'il trouva le décor idéal. La boulangerie d'alors a fait place à un magasin d'antiquités, mais le café devant lequel Aimable prend sa cuite mémorable existe toujours, place de la Source !

Fut-il infidèle à Giono ? Celui-ci n'apprécia pas plus la version de *Regain* qu'il n'avait aimé celle d'*Angèle*. Il jugea le film «essoufflé, boursouflé et adipeux». Il oubliait qu'il avait assisté, enthousiaste, au tournage dont il rendait compte dans un journal. Mais à la sortie de *La femme du boulanger*, il ne décoléra plus, une colère à la Raimu. Il alla jusqu'à faire un procès à Pagnol. Non pour trahison de son œuvre mais pour réclamer des droits d'auteur. Il prétendit avoir envoyé à Pagnol les scénarios des films *Jofroi*, *Angèle*, *Regain* et *La femme du boulanger*. Pagnol jura n'en avoir reçu aucun. Seul, pour *Regain*, une «continuité» fut produite devant le tribunal qui à la fin (octobre 1941) débouta Giono de sa demande et le condamna aux dépens.

La fille du puisatier

Josette Day, la fille du puisatier

Le sujet de *La fille du puisatier* n'est pas tiré d'une œuvre de Giono. Il n'est pas inutile de le souligner car dans la lancée du succès de *La femme du boulanger* se créa une ambiguïté. Le titre, le sujet, le décor, les interprètes eux-mêmes évoquaient cet univers commun aux deux créateurs.

Cet univers est celui de la Provence contemporaine. Car (au contraire de Mistral qui, dans *Mireille*, avait décrit une Provence d'avant sa naissance, d'avant 1830) Pagnol, comme Giono[60], n'a cessé de raconter des histoires qui se déroulent à son époque. La distance — créatrice de curiosité — ne vient pas du temps mais de l'espace. S'il y a retard — de la civilisation frugale des collines à l'adaptation cinématographique, quasi ethnologique —, c'est celui des campagnes sur la ville, des coutumes traditionnelles et des mentalités fatalement conservatrices sur le développement culturel d'un public citadin.

Ainsi le nouveau film de Pagnol reflète-t-il les soucis de cet An 40 dont on s'était jusque-là si peu soucié. L'action se situe exactement entre février

Charpin (Mazel) et Fernandel (Felipe) dans La fille du puisatier

et août 1940. Six mois plus tôt, la Provence a subi un terrible traumatisme : la répétition de la mobilisation générale qui en 1914 avait vidé les campagnes. Les hommes partis au front, les villages perchés et les bastides isolées avaient été abandonnées, les terres en friche, les puits, les routes, les restanques négligés. Tant de soldats n'étaient pas revenus que quatre ans suffirent pour saigner à blanc le haut pays. Au milieu des ruines, on ne construisit plus que des monuments aux morts.

Et voilà que ça recommençait. Les efforts de Panturle n'auraient servi à rien. Pagnol en est conscient, qui ne fait rien pour cacher cette vérité. Dans son film (sorti en décembre 1940 mais en zone occupée au printemps de 1941 seulement), on entend de vrais coups de canon et de vrais gendarmes encadrent Fernandel quand en gare d'Aubagne il mime le départ pour le front. Et c'est bien la voix de Pétain dont on entend le misérable discours du 17 juin (il sera supprimé ensuite), «le grave message du maréchal», écrit Pagnol (mais il ne pouvait guère s'exprimer autrement).

Alors, pour raconter cette nouvelle version de la fille séduite, Pagnol fait appel non pas à un berger des collines, ni à un voyou marseillais, mais à un aviateur de Salon. De même, il ne donne plus à ses héroïnes

95

(les filles du puisatier Amouretti) les noms maintenant surannés d'Angèle ou d'Arsule, mais ceux de Patricia et d'Amanda qui sentent moins la fleur des champs que l'eau de Cologne des boutiques de mode. C'est aussi ce qui justifie, en grande partie, l'apparition de Josette Day, frisée comme un caniche, et qui représente alors l'idéal des jeunes filles provençales qui rêvent d'ouvrir un salon de coiffure pour fuir la gatouille et la bugadière maternelles[61].

Mais la Provence ne sait pas qu'elle va vivre quatre ans de sombre occupation. A l'intérieur, les terres vidées de leurs hommes, c'est-à-dire de leur sève, de leur eau, s'abandonnent à la solitude et Pagnol retrouve son univers de collines désertées. Son nouveau héros, Pascal Amouretti (Raimu toujours), creuse des puits pour des particuliers qui sont gens de la ville et non plus paysans assoiffés. Il fore encore à la main, à la pioche, à l'explosif, avec son ouvrier Felipe (Fernandel). Il sait trouver les filons, mais avec sa montre, pas avec la baguette «qui danse comme une garce».

Le vrai puisatier de Pagnol, et son modèle, s'appelle en réalité Justinien Baille. Il n'a rien à voir avec cette histoire de famille, mais né en 1902, il n'a jamais cessé d'habiter les Camoins et, toujours fort alerte, a publié ses souvenirs dans *Le secret du puisatier*[62]. C'est lui qui avait creusé le puits de la ferme d'Angèle, c'est lui qui montra à Pagnol les outils et les gestes professionnels que Raimu devait utiliser.

Pagnol reprend ici le thème inusable de la fille séduite qui a le petit et qu'on cache (chez la tante, à Fuveau) mais que le commis (l'ouvier ex-valet) est prêt à épouser par amour et par abnégation. Rien de nouveau sous le soleil de cette Provence-là. Heureusement, il y a les «figures» : celles de Fernandel, de Charpin (le père Mazel), Maupi, Blavette, Milly Mathis… La banalité de l'affaire est rachetée par des dialogues qui mêlent l'accent, la pudeur, la vicacité, les bonheurs d'expression et la justesse des réflexions. Côté psychologique, la distance, encore, qui sépare l'homme des champs à l'homme des villes, le puisatier au boutiquier («il faut se méfier des gens qui vendent des outils et qui ne s'en servent pas»). Règlement de comptes entre les «saloperies» des gens de la boutique et l'honneur, la seule richesse des pauvres.

Naïs ou la Provence de Zola

Après la guerre, en 1945, Pagnol relit Zola et cette saga des Rougon autour d'un bourg de Flassans qui ressemble fort à Aix. Il ne songe nullement à s'inspirer des révoltes populaires du haut Var et de l'irrésistible ascension des paysans de la Montagne (avec une majuscule) dans les rangs de la bonne société aixoise. Pourtant, il y a là des correspondances secrètes entre les préoccupations de Zola et les siennes. C'est en lisant un court roman — bien dédaigné aujourd'hui —, *Naïs Micoulin*, qu'il trouve le sujet d'un nouveau film et les personnages qui lui sont chers.

Les Rostaing sont des paysans parvenus (le grand-père faisait les pois chiches sur le plateau de Valensole), devenus riches notables d'Aix. Ils ont un fils, Frédéric, qui sous prétexte d'études fait la fête dans les bars de la ville. Ils ont aussi une maison de campagne (on ne dit pas encore

L'Estaque, le port, la plage, la pêche...

97

L'Estaque, le port, la plage, la pêche...

résidence secondaire) au bord de la mer, à L'Estaque, avec un jardin, qu'entretient pour eux le père Micoulin, pêcheur de son état. Celui-là a une fille, Anaïs. Elle a 18 ans, l'âge de Frédéric. C'est elle qui est chargée de porter aux Rostaing à Aix, par le train, les légumes et les poissons cultivés et pêchés par son père.

Aux grandes vacances, elle ne résiste pas aux assiduités du jeune homme. Micoulin décide de venger son honneur (plutôt que celui de sa fille) et cherche à tuer le vil séducteur. Il échoue deux fois. Par contre il réussit à se tuer accidentellement dans une scène spectaculaire : l'éboulement de la falaise qu'il avait lui-même sapée pour y piéger sa victime. A la fin, Naïs sera recueillie par les Rostaing qui s'occuperont d'elle, à moins que ce ne soit elle qui les serve.

Autre comparse habituel, Toine le bossu qui a le cœur plus gros que la bosse et joue encore ici le confident et l'ange protecteur.

Le drame se passe donc cette fois au bord de la mer, à L'Estaque, entre Mourepiane et le Rove, au-delà du quartier de La Cabucelle où le père de Pagnol avait enseigné.

Zola y séjourne dès l'été de 1877. Il écrit à Léon Hennique : « Le pays est superbe. Vous le trouveriez peut-être aride et désolé, mais j'ai été élevé sur ces rocs nus et dans ces landes pelées...» et à Gustave Flaubert : «J'ai devant moi le golfe de Marseille avec son merveilleux fond de collines et la ville toute blanche dans ces eaux bleues».

C'est aussi la Provence de Cézanne[63] qui y fait de longs séjours, et peint ses «toits rouges sur la mer bleue».

En ce temps-là, ce n'est pas encore la banlieue laide de Marseille. Il y a bien des usines et des cheminées qui fument. Et des tuileries, à Saint-Henri, près de carrières d'argile qui rappellent le terroir d'Aubagne et ces santons fragiles (mais Toine qui y est employé ne fabrique que des briques). Mais passé cet environnement industriel, «le village, adossé aux montagnes, est traversé par des routes qui vont se perdre au milieu d'un chaos de roches foudroyées. Rien n'égale la majesté sauvage de ces gorges qui se creusent entre les collines, serpentant au fond d'un gouffre, flancs arides plantés de pins, dressant des murailles aux colorations de rouille et de sang. Parfois les défilés s'élargissent, un champ maigre d'oliviers occupe le creux d'un vallon, une maison perdue montre sa façade peinte, aux volets fermés... »[64]

C'est le paysage désert dont Pagnol a entendu parler dans son enfance, quand sa tante Fifi y faisait planter des glands par des premières communiantes. Il est à l'image de ceux des collines du Garbalan et des plateaux du Contadour. Décor parfait pour Pagnol qui, sans s'éloigner du récit de Zola, peut mettre en scène ses thèmes familiers.

Le père (veuf) jaloux de la liberté de sa fille est un nouvel avatar de Barbaroux, le père d'Angèle, et de Castanier le puisatier. Rostaing est celui du marquis Castan des Venelles[65] et du boutiquier Mazel [66]. Naïs est plus blonde et plus frisée encore que la fille du puisatier, mais elle conserve l'innocence des paysannes vierges de la montagne. Quant à Toine, il n'a pas changé : c'est l'éternel souffre-douleur, le ravi de la crèche.

Ce Toine, il pose des pièges comme le Lili des Bellons et les fait admirer à Frédéric qui, lui, a perdu l'habitude des collines». Celui-là, qui prend la place du berger, du voyou, de l'aviateur, est le jeune homme de bonne famille dévoyé par l'argent. Ce qui nous vaut des portraits d'Aix vue à travers ses cafés et ses bars, où des gandins jouent au poker devant des filles désabusées. A l'autre bout, le père Micoulin ravaude ses filets, empêche ses salades de tomber à la mer avec la falaise et pêche dans sa barque à moteur des rascasses et des rougets. Entre les deux univers, Naïs fait le va-et-vient avec son panier de poissons comme si elle passait sans cesse d'une génération à l'autre, d'une société rurale à une civilisation citadine, du passé au présent.

C'est à Cassis que Pagnol décide de tourner *Naïs*. Sans doute l'environnement y est-il moins pollué qu'à l'ouest de Marseille. Et puis l'équipe profite du petit restaurant qu'y ouvre Blavette, fin cuisinier des plats préférés de Pagnol, la bouillabaisse, la soupe de poissons, les côtelettes à la farigoule...

Cassis, l'arrivée des Marseillais

67 CASSIS. — Arrivée des Marseillais.

99

Aux interprètes habituels (Poupon, Fernandel, Blavette) se joignent de nouveaux venus : Raymond Pellegrin de Marseille et Jacqueline Bouvier de Nîmes, que Pagnol épousera quelques mois plus tard.

Avant de devenir Mme Pagnol, Jacqueline Bouvier a eu une enfance provençale, si l'on veut bien admettre que Nîmes est en Provence, n'en déplaise aux gens du Languedoc. Et puis, enfant, elle a gardé les chèvres en Camargue. Elle n'est donc pas dépaysée dans les histoires que met en lumière son mari, pas plus qu'elle n'est étrangère au personnage qu'il va lui faire jouer dans *Manon des Sources*.

Interlude

Avec Jacqueline, Pagnol a deux enfants qu'il prénomme Frédéric et Estelle. Double hommage à la Provence de Mistral. Frédéric, ou plutôt Frederi, est commun dans le Midi. Mais il est curieux que Pagnol ait donné à son fils le prénom du héros de son dernier film dont la conduite n'est pas exemplaire. Étudiant à Aix, sans doute, comme il l'a été lui-même, bien longtemps après Mistral. Quant à Estelle, c'est la belle étoile, un peu la fée Esterelle qui sur les rochers de Cassis apparaît aux yeux éblouis de Calendal. Pagnol a toujours reconnu Mistral comme l'un de ses maîtres (avec Daudet). Il est dommage qu'il n'ait pas eu le loisir de tirer un scénario d'une des épopées du poète de Maillane, un des épisodes de *Calendal* justement.

Mais le temps passe, exigeant. En 1946, Raimu disparaît brutalement. «Je n'ai jamais su parler, et c'était Raimu qui parlait pour moi», déclare Pagnol dans son adieu à César.

Et puis la chance n'est pas de son côté. La même année, il entreprend un film qu'il a en projet depuis 1934, *Premier amour*. Il ne verra jamais le jour. C'est dommage. On aimerait voir Charles Dullin et Charles Moulin, auprès de Jacqueline Bouvier, interpréter cette histoire des temps préhistoriques qui avait les grottes du Garbalan pour cadre. Malgré le formidable bond à reculons dans le passé de l'humanité, on y aurait sans doute retrouvé les thèmes chers à Pagnol. Comme celui de la fille qui se refuse (malgré la coutume) à l'homme qui la force à la course et lui préfère l'Homme Pâle, qui vient d'ailleurs et lui fait découvrir l'amour qu'ignore encore sa tribu.

Cet étranger, dit-on, a pleuré quand sa mère et morte et toute la tribu lui a reproché cette faiblesse inconnue : «il n'a pu arrêter l'eau de ses larmes ; on ne peut pas arrêter les sources».

Cette phrase du scénario de Pagnol lui sera vite renvoyée comme l'image inversée dans un miroir. Si, on peut arrêter les sources...

Rellys, l'inoubliable Ugolin du Manon des Sources *de Pagnol*

L'EAU DES COLLINES

En 1963, à près de 70 ans, Pagnol publie son premier vrai roman sous ce titre limpide et clair comme le sujet qui l'obsède. En deux volumes, il raconte l'histoire de Jean de Florette et de Manon des Sources dont il a déjà, dix ans plus tôt, porté à l'écran la seconde partie : la belle et triste aventure de cette sauvageonne qui coupe la source alimentant la fontaine du village pour venger la mort de son père, Jean fils de Florette, abominablement trompé par deux habitants, au vu et su de tout le monde.

Il restait à rapporter comment Papet et son neveu Ugolin, le planteur d'œillets, avaient eux-mêmes bouché la source de ce Jean dont ils convoitaient les terres. Cette première partie, Pagnol ne l'a jamais tournée. Il faudra attendre, après sa mort, qu'en 1986 Claude Berri en fasse une version filmée.

C'est «une histoire authentique qui s'est passée autrefois à Aubagne et qu'un paysan m'a racontée quand j'avais 13 ou 14 ans et que je pratiquais assidûment l'école buissonnière à travers les coteaux parfumés et cuits par le soleil de l'Huveaune».

Ainsi, au seuil de sa vieillesse, Pagnol revient-il sur le théâtre de sa jeunesse. On croyait qu'il avait tout dit sur ce monde des collines et peut-être le croyait-il lui-même. Loin de là. Une fois encore, il entre à reculons dans l'avenir pour mieux regarder ce territoire apparemment désert et réellement inépuisable.

Jean de Florette

Le roman s'ouvre par une longue et minutieuse description des environs des Bastides-Blanches (alias La Treille), une paroisse de cent cinquante âmes, perchée sur le dernier éperon du Garlaban. N'y mène qu'une route verticale à force de monter. N'en sort qu'un chemin muletier qui se perd dans le massif. Une cinquantaine de maisons, cinq ou six rues étroites à cause du mistral, une esplanade nommée boulevard, un escalier montant à la Placette au milieu de laquelle se trouve la source de vie, la fontaine qu'il y a un demi-siècle un riche Marseillais a offerte à la ville.

Les habitants ne ressemblent pas à ceux de Marseille dont ils sont éloignés de quelque vingt kilomètres. Ils portent bien des noms provençaux, Anglade, Chabert, Olivier, Cascadel, Cabridan, Soubeyran... mais des prénoms qui étonnent ailleurs, Clarius, Pamphile, Philoxène, Aristolène... On les croit d'anciens Ligures. Ne sont-ils pas descendants de ces pestiférés chassés de la côte et réfugiés dans les baumes comme les vieux brûleurs de loups de Giono? Ils vivent en circuit fermé, ne descendent jamais dans la capitale phocéenne et se contentent de se faire «raconter Marseille» par les rares voyageurs professionnels qui font le va-et-vient. Leurs courses (le mot convient bien), ils les font vers Aubagne où sont les boutiques, le bazar et le bordel. Au nord, à l'ouest, ils n'ont aucun contact avec leurs voisins de l'autre côté des collines, ceux de Crespin avec qui ils sont fâchés depuis le début de l'éternité. A force de vivre entre eux de se faire des petits entre cousins, ils sont tous de la même famille, ce qui multiplie les folles et les suicidés. Mais les filles sont «belles comme les Arlésiennes».

Quant aux adultes, ils forment cette constante communauté santonnière dont les caractères sont frappés une fois pour toutes et qui leur donnent le sentiment d'une identité.

Le plus important, c'est César (Pagnol succombe encore à la majesté du nom) du clan des Soubeyran. Il est riche, célibataire et autoritaire. C'est le mâle des Bastides, comme le lapin géant d'Australie, qui dans le clapier de Jean de Florette multiplie sa race. Il n'a pas 60 ans, mais il est vieux comme on l'est en ce temps là (1920) à cet âge-là. Il habite une bastide à la sortie du village, mais possède, entre autres terres, le mas de Massacan dans la colline. Il l'a donné à son neveu, son seul parent. Celui-là, célibataire également, se contente de pois chiche, d'olives cassées, de figues sèches et surtout de sauvagine qu'il piège avec talent.

Il a pourtant, comme son oncle, des ambitions. Les toupines de pièces d'or qui dorment sous les dalles de leur cheminée ne leur suffisent pas. Il leur faut de nouvelles terres. Ugolin veut cultiver des œillets qui se vendent bien sur la côte. Tous deux guignent la ferme des Romarins, près de Massacan, et s'arrangent pour que meure son propriétaire Marius Camoins dit Pique-Bouffigue. Mais le mort a des héritiers légaux, sa sœur Florette et le fils de celle-ci, Jean, qui vivent à Crespin, en pays ennemi.

Jean Cadoret, dit de Florette, quand on croyait qu'il allait immédiatement vendre cette méchante terre et cette maison branlante, au contraire prétend s'y installer avec sa femme et sa fille. Il apparaît un jour aux yeux stupéfaits d'Ugolin. C'est l'étranger, puisqu'il vient de l'autre côté des collines. C'est l'homme de la ville parce que l'on sait qu'il est percepteur. Ce n'est pas un paysan puisqu'il n'en porte pas l'habit. Il a pour femme une ancienne chanteuse qui a fait Dakar et Saïgon, et une petite fille qui s'appelle Manon en hommage à l'opéra-comique. Et puis, c'est un «pestiféré» car il joue de l'harmonica, ce fameux instrument de langage des survivants de Regain. Enfin, est-ce un signe?, il est bossu.

Sa conduite est évidemment étrange. Le voilà qui se met à admirer les ronces, les églantines, qui ne sont que gratte-cul au regard d'Ugolin, le lierre qui dévore les murs et les mauvaises herbes qui envahissent la terrasses. Une attitude de Parisien croyant redécouvrir le décor du paradis dans une végétation enchevêtrée et le bonheur dans l'abandon.

Pourtant, il se révèle qu'il est quelque part du pays. Il est venu là, déjà, il y a vingt ans. Il y retrouve les sentiers, il y reconnaît les vallons. La ferme des Romarins fait partie de son patrimoine. Il sait aussi que là-haut s'ouvre la grotte du Plantier, un abri rupestre aménagé jadis en bergerie par un mur de pierres qui en ferme l'entrée, où coule une source l'été comme l'hiver.

Y vivent en ce moment un bûcheron piémontais, Giuseppe, et sa femme Baptistine. Lui c'est l'homme des bois, rude et bon. Elle, c'est la femme aux herbes, qui connaît les plantes et les secrets. Cet avatar de la Mamèche et de Tavèn est représentatif de ces masques ou «bonnes femmes»

Daniel Auteuil (Ugolin) et Yves Montand (Le Papet) dans le Jean de Florette *de Claude Berri*

qui vivent dans la montagne, composent des philtres, délivrent les filles fautives et lèvent le feu des brûlures. Celles du Garlaban étaient autrefois célèbres qui vendaient aux gens de Marseille les herbes de la Saint-Jean mais dont on redoutait le mauvais œil. La Baptistine qui a cette réputation est en réalité une fée bienveillante. C'est elle qui initiera la petite Manon aux techniques du piégeage et à la reconnaissance des plantes sauvages comestibles.

Dès son arrivée, Jean de Florette entreprend tout de même, comme Robinson Crusoë (dont Manon lit l'histoire à plat ventre dans l'herbe), de débroussailler son paradis et de l'aménager en domaine agricole. Tant pis pour la beauté des ronces et le charme des ruines. Ce retour à la terre tient autant du mythe que de la réalité la plus prosaïque : survivre sur ce radeau abandonné en pleine garrigue. Il défriche et rebâtit. Il se lance dans l'élevage de lapins géants d'Australie et la culture des coucourdes colossales de Chine. Une idée à secouer d'hilarité toute la population indigène.

Il explore aussi son domaine, ou plutôt Pagnol le fait visiter au lecteur. Car celui-ci n'en a pas encore entendu parler. En 1952, les *Souvenirs d'enfance* ne sont pas parus. Le spectateur du film *Manon des sources* a bien aperçu les collines du Garlaban, mais ce n'est qu'avec *Jean de Florette,* le roman, qu'on lui présente Tête-Rouge, le Taoumé, les Escaouprès, Passe-Temps... la géographie poétique où se déploie l'imaginaire de Pagnol. Et des sommets où, entre nous, ne vont guère les Bastidiens.

Sauf deux d'entre eux, le Papet et Ugolin dont on sait qu'ils bouchent la source des Romarins pour obliger Jean de Florette à faire chaque jour quatre ou six voyages au bassin du Plantier. A la tâche, et sous le regard innocemment méchant des deux «assassins», il finit par mourir.

Un jour, Manon, alors qu'elle est cachée dans un buisson, entend raconter le crime par Pamphile et Cabridan. Elle attend six ans pour venger son père.

Manon vit maintenant avec sa mère, devenue à moitié folle, et la vieille Baptistine, devenue tout à fait veuve, dans la grotte du Plantier au milieu des meubles de la famille. Les trois femmes subsistent de la cueillette, d'un mauvais potager, du produit des pièges et du lait de quelques chèvres. A 15 ans, l'âge de Mireille, Manon vit comme une sauvageonne, belle comme le soleil, chaste et pure au point de se baigner nue.

Elle a pour confident le sorbier bossu des Refresquières et le grand lézard vert (1 m de long) qu'elle apprivoise. Elle mène une vie de garçon, celle de Lili des Bellons et du petit Marcel. Elle joue de l'*armonicat* pour parler avec la montagne.

Comme elle a découvert fortuitement la grotte secrète où jaillit la source qui alimente naturellement la fontaine du village, elle décide à son tour d'en détourner le cours. Aux Bastides-Blanches, c'est la consternation. Et un grand numéro de tragi-comédie où chaque habitant joue merveilleusement son rôle, en en «remettant» un peu comme l'exige l'estrambord provençal. Ils ont pris, tout aussi naturellement, les masques des compères habituels de Pagnol. Le Papet, c'est Poupon. Ugolin, Rellys (dont on n'est pas prêt d'oublier — malgré la performance de Daniel Auteuil — le cri d'amour pour Manon qu'il pousse du haut de son éperon rocheux).

Rellys est un nouveau venu dans l'équipe. Marseillais de bonne souche, Henri-Marius Bourrelly fut d'abord pâtissier (il faut insister sur l'origine populaire de tous ces acteurs qui furent, comme jadis Reboul et Jasmin, des poètes-ouvriers). Puis il fit ses classes dans l'opérette marseillaise, *Au pays du soleil* (1933) avec Alibert, *Un de la Canebière, Trois de la marine*.... On le retrouvera plus tard dans *Honoré de Marseille* et dans *Heureux qui comme Ulysse* d'Henri Colpi.

Les autres protagonistes du film : Delmont (Anglade, le vieux sage), Blavette (le menuisier Pamphile), Sardou (Philoxène qui est le maire parce qu'il a le téléphone — rôle que reprendra le magnifique Armand Meffre), Pellegrin (l'instituteur qui finit par épouser Manon), Vattier (le notaire Belloiseau), et surtout Marcelle Géniat (l'étonnante Baptistine)...

Quant à Manon, c'est évidemment Jacqueline Pagnol ex-Bouvier avec son auréole de cheveux blonds comme la madone de la crèche. Interprète d'une Antigone solaire, a-t-on dit en galéjant un peu, et quand il s'agit plutôt d'une fée Esterelle assez mistralienne.

Pagnol a tourné son film sur les lieux mêmes et la grotte du Plantier a été rebaptisée grotte de Manon. Jacqueline Pagnol se souvient qu'à cette époque il n'y avait pas d'eau dans le village de La Treille et que les chemins étaient encore fort caillouteux. Il fallait monter à pied et mériter les collines.

Jean de Florette

Manon des Sources
de Claude Berri

Le moulin dit de Daudet à
Fontvieille

LA PROVENCE DE DAUDET

Pagnol a toujours revendiqué pour maîtres Dickens, Mistral et Daudet. Déjà, vers 1934, il avait voulu filmer les aventures de *Tartarin de Tarascon* avec Raimu, mais le projet avait échoué. Vingt ans plus tard, il se décide à tourner quelques-unes des *Lettres de mon moulin*. Mais il les accommode d'un prologue où il justifie son souci de s'exprimer en français plutôt qu'en provençal. Il imagine que Daudet, Méridional de Paris, revient au pays natal et dans ces Alpilles qu'il a chantées sans jamais y résider que, de temps en temps, quelques mois de vacances. Il rencontre à Saint-Rémy le poète Roumanille, premier des félibres qui lui n'a jamais quitté Avignon et qui reproche à son cadet d'avoir abandonné, et même renié, la langue maternelle. A quoi Daudet, tenant la plume de Pagnol, répond :

« Si *Mirèio* n'avait pas été traduit dans toutes les langues du monde, combien de gens connaîtraient ce chef-d'œuvre ? (...) Si j'étais capable, je traduirais *Mirèio* en esquimau et je lirais ce grand poème à haute voix, sur un glaçon entouré d'ours blancs, à la lumière d'un hareng grésillant, et je ferais pleurer tout un village de pêcheurs de phoques ! Et il verraient surgir dans la nuit du pôle les mûriers de la Crau, les figuiers de Camargue, les moutons de la transhumance et la chapelle des Saintes-Maries... »

Dans ce prologue, inspiré de *La diligence de Beaucaire* (mais supprimé au montage), c'est encore Roumanille qui raconte à Daudet les histoires des trois messes basses, de l'élixir du père Gaucher et du secret de Maître Cornille, parce qu'elles sortent moins de l'imagination de Daudet que du folklore provençal. On serait mal avisé de reprocher à ces trois poètes d'avoir arrangé la vérité pour la vêtir des habits du dimanche. Sans doute Daudet n'a-t-il jamais acquis le moulin de Fontvieille, encore moins écrit là ces contes. Roumanille n'est jamais venu attendre Daudet à sa descente de la diligence de Beaucaire[1]. Mais il y a longtemps que les Tarasconnais ont pardonné les tartarinades et les Fontvieillois sont très fiers de faire visiter leur «moulin de Daudet»...

Il reste que Daudet avait un «brave» talent et que Pagnol a su en extraire la substantifique moelle. De sornettes, comme on disait ici, ces Lettres deviennent des tableaux de mœurs à quoi l'exagération même ne donne que du relief. Sans doute faut-il en remercier les acteurs au mieux de leur forme : Vilbert (Dom Balaguère), Rellys (le père Gaucher), Vattier (le père abbé), Arius (le curé de Cucugnan), Delmont (Maître Cornille), Sardou (l'apothicaire), qui donnent vie à ces santons.

Les lettres de mon moulin, c'est le dernier film de Pagnol. Ce n'est pas son testament. Et pourtant, il se clôt sur ce *Secret de Maître Cornille* qu'on revoit désormais avec un autre œil. L'œuvre se referme sur ce mot de *secret* qui a jalonné toute la vie du poète.

Le vieux Cornille, qui vit avec sa petite-fille de quinze ans, Vivette, est le dernier meunier des Alpilles à faire travailler le mistral et la tramontane, quand les «Français de Paris» installent partout des minoteries à vapeur. Comment se battre contre ces nouveaux moulins ? Les gens du pays s'étonnent de ce que les ailes du sien continuent de tourner alors que plus personne n'y porte de blé, et qu'on le voit toujours sur les chemins pousser son âne surchargé de sacs de farine. C'est tout juste si, passant devant le moulin fermé, mais brassant l'air de ses rames, les vieilles ne se signent pas. Un jour, quelqu'un (le poète) réussit à pénétrer par effraction par la fenêtre et découvre que le moulin est désert, qu'il tourne à vide, que les sacs de farines ne sont pleins que de plâtras. Le secret est éventé. Maître Cornille se sent déshonoré. Alors tout le village, ému et honteux, lui porte à nouveau son blé à moudre. C'est un peu tard. Le meunier meurt et les ailes du moulin cessent définitivement de tourner.

«Que voulez-vous, Monsieur !... Tout a une fin en ce monde, et il faut croire que le temps des moulins à vent était passé comme celui des coches sur le Rhône, des parlements et des jacquettes à grandes fleurs.»

Au cimetière de La Treille, Marcel Pagnol repose en paix au pied de son Garlaban natal. Mais le 1er novembre 1983 sa tombe a été profanée par des vandales.

NOTES

1. *La gloire de mon père*
2. *Id.*
3. *Id.*
4. *Id.*
5. *Id.*
6. *Id.*
7. Lucien Grimaud, *Histoires d'Aubagne*
8. *La gloire de mon père*
9. Préface de L. Grimaud, *Histoires d'Aubagne*
10. *La gloire de mon père*
11. *Id.*
12. *Id.*
13. *Id.*
14. *L'acacia*
15. *La pile*
16. *Lézards*
17. *Bâche*
18. *La gloire de mon père*
19. *Le château de ma mère*
20. Cet épisode des aventures de Pagnol est devenu si célèbre que les excursionnistes marseillais (oubliant que Lili les a traités d'imbéciles) ont apposé un plaque à l'entrée de la grotte (en 1975) et l'ont rebaptisée *Grotte Marcel Pagnol*.
21. La bartavelle provençale doit son nom à son cri particulier qui ressemble au bruit que fait le cliquet (bartavello) d'un moulin.
22. *La gloire de mon père*
23. *Le château de ma mère*
24. *Id.*
25. *Id.*
26. *Id.*
27. Voir scène entre Antonin et Barnabé, *La femme du boulanger*.
28. *Le temps des secrets*
29. Il s'agit encore du jeu à la longue. La pétanque ne sera inventée qu'en 1910 .
30. *Le temps des amours*
31. Son ouvrage magistral, *La renaissance provençale*, obtiendra en 1917 le prix Thiers! Réédition, J. Laffitte, Marseille, 1978.
32. Pagnol est si bon latiniste qu'il traduira Virgile.
33. *Le temps des amours*
34. *Id.*
35. Né à Marseille en 1868, auteur de *Marsiho*, Grasset, 1933.
36. *Bagasso!* : équivalent de *Putain!* et expression toute innocente qui n'a rien à voir avec la prostitution.
37. *Fanny*
38. Pierre Gallocher.
39. *Marius*
40. Loue la mer et tiens-toi à terre!
41. Voir Jean Bazal, *Marseille sur scène*, Grenoble, 1978.
42. *Regain*
43. Jean Bazal, *op. cit.*
44. *César.*
45. *Tron de l'air* équivaut à : tonnerre de Dieu.
46. *Merveilleux Pagnol.*
47. Mme Paulette Raimu-Brun qui, retirée à Méounes (Var), y a rassemblé dans *l'Oustaou Raimu*, les souvenirs rappelant la carrière de son père. Dans ce musée, on peut voir en particulier le pantalon et le bonnet du boulanger, et une reconstitution de la partie de cartes, aux quatre chaises vides...
48. Mme P. Raimu-Brun. Article de Jacques Bonnadier in *Semaine-Provence,* 18 février 1983.
49. Il ne faut pas négliger la grande réputation de saint Césaire d'Arles qui a contribué à la renommée de ce prénom.
50. Jacques Chabot, *La Provence de Giono,* Édisud, 1980.
51. *Le voyage en Italie.*
52. J. Giono, *Noé.*

53. J. Giono, *Un de Baumugnes*
54. M. Pagnol, *Angèle.*
55. Selon Justinien Baille, le puisatier des Camoins, le sourcier était le chanoine marseillais Signoret qui se servait d'un pendule. V. plus loin à propos de *La fille du puisatier.*
56. J. Giono.
57. Publié en préface à *La femme du boulanger.*
58. M. Pagnol, préface à l'édition de *La femme du boulanger*
59. Voir *Le pain du péché,* Th. Aubanel.
60. Dans les récits qui font l'objet d'une adaptation cinématographique, s'entend.
61. Pagnol avait d'abord écrit, avant les «événements», «elle a un visage grave d'enfant, un cou frêle mais droit et pur, et les seins gros et durs des vierges paysannes». Il invente ensuite qu'elle a été élevée à Paris jusqu'à 15 ans.
62. Chez l'auteur, Saint-Jean du Maupas, Les Camoins 13011 Marseille.
63. Voir dans la même collection : J. Arrouye, *La Provence de Cézanne,* Édisud, 1982.
64. É. Zola, *Naïs Micoulin.*
65. Dans *La femme du boulanger.*
66. Dans *La fille du puisatier.*

« Le petit monde de Marcel Pagnol » réalisé par les créchistes et les santonniers aubagnais (visite gratuite et commentée tous les jours, pavillon du Syndicat d'Initiative, esplanade De Gaulle, Aubagne)

Bibliographie essentielle

Lucien Grimaud, *Histoires d'Aubagne*, s.d.
Georges Berni, *Merveilleux Pagnol*, Pastorelly, 1981.
Georges Berni, *Marcel Pagnol enfant d'Aubagne et de La Treille*, Aubagne 1986.
Raymond Castans, *Pagnol m'a raconté*, La Table Ronde.
Raymond Castans, *Il était une fois Marcel Pagnol*, Julliard, 1978.
L'Avant-Scène, n° spécial Pagnol, n° 105-106.
Charles Rostaing, *Le français de Marseille dans la trilogie de Marcel Pagnol*, Le Français moderne, t. X, 1942.

1. Voir J.-P. Clébert, *Mistral ou l'empire du soleil*, Lattès, 1983.

Marcel Pagnol (portrait à la cigarette)

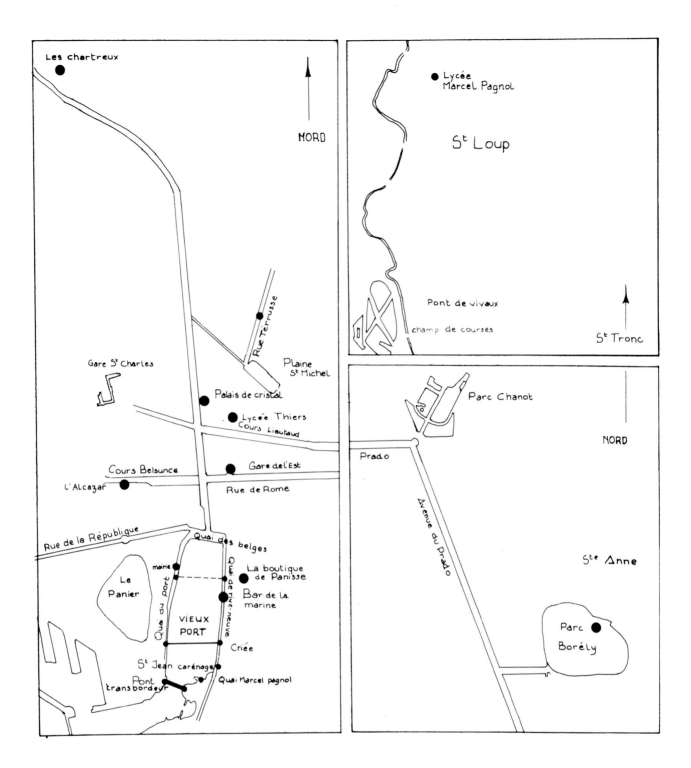

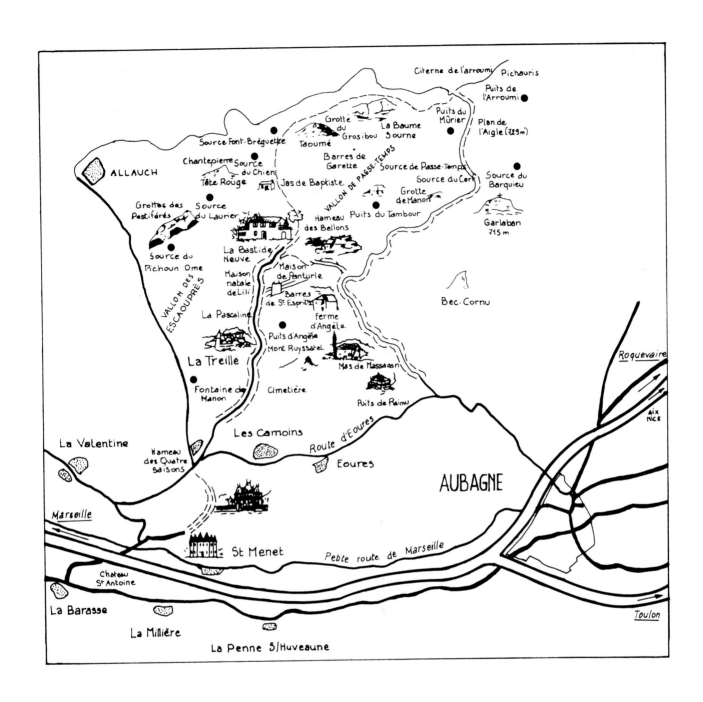

Itinéraires des sites et paysages chantés par Marcel Pagnol.

ORIGINE DES DOCUMENTS ET CRÉDIT PHOTOGRAPHIQUE

Page 2 : collection particulière. Page 6 : carte postale collection Jean-Baptiste Luppi et cliché Syndicat d'Initiative d'Aubagne. Pages 8, 9, 10 : coll. Luppi. Page 11 : C.P. Page 12 : Institut Lumière et C.P. Page 13 : cliché Henri Dariès et C.P. coll. Luppi. Page 14 : C.P. coll. Luppi. Page 15 : cl. Dariès. Page 16 : C.P. coll. Luppi. Page 17 : cl. coll. Luppi et cl. coll. Alain Fiorentino. Page 18 : cl. coll. Fiorentino. Pages 19, 20 : cl. coll. Luppi. Page 22 : cl. Dariès et C.P. coll. Jean-Paul Clébert. Page 23 : C.P. coll. Luppi et cl. coll. Luppi. Pages 24, 25 : C.P. coll. Luppi. Page 26 : C.P. coll. Luppi et cl. Syndicat d'Initiative d'Aubagne. Page 27 : cl. coll. Luppi. Pages 29, 30 : cl. Syndicat d'Initiative d'Aubagne et cl. Georges Berni. Page 31 : cl. S.I. Aubagne et C.P. coll. Clébert. Pages 32, 33 : cl. coll. Luppi. Page 34 : cl. Dariès. Page 35 : cl. S.I. Aubagne. Page 36 : cl. S.I. Aubagne. Page 37 : cl. Georges Berni. Page 39 : Musée d'Histoire de Marseille, cliché Ph. Gentet, Atelier municipal de reprographie de Marseille. Page 41 : coll. Centre de recherche et d'animation par la chanson (C.R.A.C.) et Musée provençal du Cinéma. Pages 42, 43 : coll. Fiorentino. Page 44 : coll. Daniel Panzac. Page 46 : C.P. coll. particulière et cl. coll. Luppi. Page 47 : C.P. coll. Luppi. Page 50 : cl. coll. Fiorentino. Page 51 : d'après *Le Marseille curieux* de Pierre d'Agramon, 1865 ; Musée d'Histoire de Marseille, cl. D. Cotte, A.M.R. Marseille et Lithographie, Musée d'Histoire de Marseille, cl. Ph. Gentet ; A.M.R. Marseille. Page 52 : Musée d'Histoire de Marseille, cl. Gentet ; A.M.R. Marseille. Page 53 : C.P. coll. particulière et cl. coll. Fiorentino. Page 54 : cl. coll. Fiorentino et C.P. coll. Clébert. Page 55 : cl. coll. Le bar de la Marine. Page 56 : cl. coll. Fiorentino et cl. Baudelaire. Page 57 : cl. coll. Fiorentino. Page 58 : cl. coll. Fiorentino. Page 59 : cl. Edisud. Page 60 : cl. coll. Luppi. Page 61 : cl. Marcel Coen. Page 62 : Musée d'Histoire de Marseille, cl. Gentet, A.M.R. Marseille et coll. particulière, prêt du C.R.A.C.. Page 63 : C.P. coll. Clébert. Page 64 : C.P. coll. Jacques Mambret. Page 65 : cl. Edisud et cl. Dariès. Page 66 : prêt du C.R.A.C. Page 67 h.g. et b.g. : Musée d'Histoire de Marseille, cl. Gentet, A.M.R. Marseille ; h.d. : prêt du C.R.A.C. ; b.d. : cl. Bazal, archives Baudelaire. Pages 68, 69 : coll. Luppi. Page 71 : Musée d'Histoire de Marseille, cl. Gentet, A.M.R. Marseille. Page 72 : cl. coll. particulière et cl. coll. Luppi. Page 76 : coll. Luppi. Page 77 : archives Le Provençal et Musée d'Histoire de Marseille, cl. Gentet, A.M.R. Marseille. Page 78 : C.R.A.C., Musée provençal du Cinéma et Alpes de Lumière. Pages 79, 81 : C.P. Page 82 : cl. coll. Luppi. Page 84 : C.P. Page 85 : cl. coll. Berni. Page 86 : coll. Luppi et coll. Musée provençal du Cinéma. Page 87 : Musée provençal du Cinéma. Page 88 : cl. S.I. Aubagne et cl. coll. Luppi. Page 89 : cl. Dariès. Page 90 : C.R.A.C. Pages 91 à 94 : Musée provençal du Cinéma. Page 95 : cl. coll. Luppi. Pages 97, 98 : cl. coll. Fiorentino. Pages 99, 100 : C.P. coll. Georges Millet. Page 102 : archives privées. Pages 105, 106, 108, 109 : A.M.L.F. Distribution. Page 110 : Musée provençal du Cinéma. Page 112 : cl. coll. Luppi. Page 113 : coll. particulière. Page 116 : Cl. S.I. Aubagne. Page 117 : cl. coll. particulière. Couvertures I : Dariès - IV : coll. particulière.

TABLE DES MATIÈRES

Les chemins de l'œuvre

collection dirigée par Jean-Paul Clébert

Achevé d'imprimer sur les presses d'Intergraphie · 42000 Saint-Etienne · Dépôt légal Mai 1989